テレビ中継・球場で
観戦を楽しむ29の視点

野球のプレーに、「偶然」はない

工藤公康
KIMIYASU KUDO

KANZEN

テレビ中継・球場で
野球を楽しむ29の視点

野球のプレーに、「偶然」はない

CONTENTS

第4章　観戦時における打者5の視点

第5章　観戦時におけるベンチ5の視点

特別編　観戦前に知っておきたい2の視点

はじめに

球場やテレビで野球を見ているとき、みなさんはどんなところに注目しているだろうか？

応援しているチームの勝利を期待したり、好きな選手の一挙手一投足に視線を注ぎながら観戦している方が多いのではないだろうか。もちろん、こういった楽しみ方も心躍るものであるが、ここからさらに一歩踏み出して、「明確な『視点』を持って野球を見てみよう！」というのが本書で届けたい僕からのメッセージである。

グラウンドで起こりうるプレーにはすべて理由があり、根拠がある。3割打てるバッターには3割打てるだけの理由があり、二けた勝てるピッチャーはそれだけの技術を持っている。ピッチャーがキャッチャーのサインにクビを振ることにも、何らかの意図がある。当然、優勝するチームには優勝するだけの理由がある。長いシーズンを戦うプロ野球において、「偶然」が入る要素は非常に少ない。

では、3割打てるバッターと打てないバッターの差がどこにあるのだろうか。勝てるピッチャーと勝てないピッチャーの違いはどこにあるのだろうか。技術なのか、体力なのか、あるいは心の部分なのか?

本書では、野球ファンが感じる疑問を一つひとつ解き明かしていきたい。どこに焦点をあてれば、その理由が見えてくるのか。この視点を知っていただき、より野球を面白く、楽しく観戦していただきたい。

試合観戦後、ファン同士がお店で野球談義に花を咲かせたり、もしくは帰る途中、親子でその日の試合を振り返りながら、野球の話で盛り上がる。そんなときに、本書で紹介している内容が、少しでもお役に立てば、本当にうれしい。

僕自身は解説者として、野球というスポーツを伝えるとき、視点を明確にして、あいまいな言葉を使わないように心がけている。

野球中継で、よく耳にする言葉が「流れ」である。「流れが変わりましたね」「相手に流れがいきますね」など、当たり前のように「流れ」という表現を使う。みなさんも、無意識のうちに「流れ」を使っているかもしれない。

では、この「流れ」とは一体何だろうか？　「流れ」は簡単にいったりきたりするものなのだろうか。

本書では、「流れ」の正体についても紹介している。あえて「流れ」を使わずに野球を見てみると、バッテリーやバッターの心理の変化など、また違った一面が見えてくるのではないだろうか。

あらかじめ誤解のないようにお断りをしておくが、本書の内容はあくまでも、僕は〝こういう理由から、こう考えている〟という、ひとつの視点をみなさんに提示しているだけであり、ここで話していることが正しい、正解である、というわけでは全くない。

いわずもがなプロ野球は、ファンである、みなさん一人ひとりによって支えられている。

本書を読み終えたとき、「野球って面白いんだな」「早く野球を見たい！」と思っていただけると幸いである。

観戦するみなさんの視点がより鋭くなれば、球団も選手も「ファンに見られている」という意識が今まで以上に強くなるはずである。

ファンと選手、球団、ＯＢ、関係者すべての力によって、プロ野球がより一層盛り上がることを願ってやまない。

工藤公康

本文中に登場する選手の所属は、
2013年3月1日時点のものです

第1章

観戦時における投手11の視点

1 プロで活躍するピッチャーの見抜き方

CHECKPOINT ❶ 先発が持っている球種はどれぐらいか

先発・中継ぎ・抑えと役割ごとに、ピッチャーに求められる要素は変わってくる。先発で重要なのはどれだけの球種を持っているか。最低でもストレートを入れて4球種は必要だろう。

プロになりたての頃、僕はストレートとカーブの2球種のみで勝負できていた。しかし、現在のプロ野球において、少ない球種で勝負するのは難しい。裏を返せば、バッターの技術レベルが、年々確実に向上しているとも言えよう。最近はメジャーリーグの影響でツーシームやカットボールなど、小さく変化するボールを投げるピッチャーが増えたため、バッターもそれに対応しようと技術を磨いているのだ。

先発は、長いイニングを投げてゲームをつくらなければならない。1試合を通じて、同じバッターと複数回対戦する(先発ローテーションのピッチャーであれば、年間通じて同じバッターと数十回対戦することさえある)。当然ながら球種が多いほど、バッターにとっては狙い球をしぼりづらくなる。

2012年、高卒1年目で8勝1敗、防御率1・07の好成績をあげた武田翔太投手(現福岡ソフトバンクホークス)はストレート、スライダー、カーブ、チェンジアップの4球種を投げていた。さらにストレートに球威があり、カーブは鋭く速く落ちる独特の軌道を描く。彼のようなカーブを投げるピッチャーはほとんどいない。少ないからこそ、まだ慣れていないバッターは打ちづらいわけだ。こういった「個性」も、プロで活躍するための絶対的な要素となっていく。

バッターは対戦するピッチャーがどういう球種を持っていて、どんな曲がりをするか、すべて頭に入っている。逆にいえば、頭に入っていない軌道のボールがくると対応しづらい。1軍初先発の若いピッチャーがいきなりプロ初勝利をマークするのは、こういう理由もある。数多く対戦していけば、バッターも慣れていくうえにデータが積み重なっていく。今季は武田投手に対して、各球団がどのような策を練ってくるかに注目して、試合を見ていくと面白い。

球種の区別がつきにくい方は、テレビ中継を参考にしてほしい。たいてい投球ごとに画面上に球速と球種が表示される。これらを参考に、ピッチャーの球種を数えてみるといいだろう。

工藤のミカタ
先発は最低四つ以上の球種が必要
独特な軌道を描く「個性」あるボールは武器になる

CHECKPOINT ❷
球種を自分のものにできているか

多くのピッチャーが、プロに入ってから新しい球種を覚える。

では、どうやって球種を覚えていくか。キャッチボールから始めて、ブルペンで試しに投げてみて……プロのピッチャーがひとつの球種を自分のものにするまでに、最低でも2年はかかる。

そもそも「自分のものにする」というのは、同点で迎えた最終回、2アウト満塁・カウント3－2の場面で自信を持って投げられる球種（＝武器）のことをさす。自分のウイニングショットにもなる。ピッチャーは、どの球種を投げるべきか困ったとき、もしくは勝負を決めにいく場面で、絶対的な自信のあるボールで勝負をするケースが多い。

もし、土壇場で「三つの球種を投げられます！」と胸を張って言えるピッチャーがいたら、すごいことだ。

キャンプやオープン戦が始まると、よくテレビや新聞で「○○選手、新しい球種を投げた！」「△△選手、新しい球種習得に挑戦」といった内容が報じられたりする。これを覚えておくと、ペナントレースをより深く観戦できるだろう。その球種をどの場面で投げているか。はじめは2アウトランナーなしで下位打線を迎えたときなど、余裕のある状況で試すかもしれない。あるいは、まったく使わない可能性もある。そのときは使わないのではなく使えないのだ。使う状況や頻度が分かると、その球種に対する自信度が見えてくる。

工藤のミカタ

9回裏の土壇場で投げられてこそ、使える球種
新しい球種を使う場面もチェックしよう

CHECKPOINT ❸

中継ぎ・抑えとしての適性があるか

中継ぎ・抑えの場合は、ストレートの球威と、バッターが球種を分かっていても打てない絶対的なウイニングショットを兼ね備えていなければならない。短いイニングで勝負するため、少ない球種でも球の威力で抑えることができるからだ。

代表例が、全盛期の藤川球児投手（現シカゴ・カブス）やケガをする前の浅尾拓也投手（現中日ドラゴンズ）である。両投手ともに、バッターがストレートを狙っていてもヒットにできないほどの威力があった。

気持ちの強さも絶対的な要素となる。肝がすわっていないと、勝負のかかった終盤のマウ

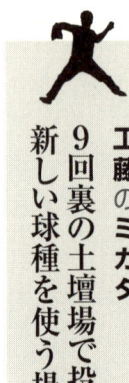

ンドに立つことはできない。ただ、はじめから度胸のあるピッチャーもいれば、結果を残すことによって自信を得るピッチャーもいる。西村健太朗投手（現読売ジャイアンツ）は後者の代表格といえる。

不思議なのが山口鉄也投手（現読売ジャイアンツ）だ。9回に投げるとあまりいいピッチングをしないが、7回や8回であれば自分のピッチングができる。抑えではなく中継ぎが適性なのは、本人の優しい性格が反映されているような気がする。

工藤のミカタ

球威とウイニングショットが必要
抑えは〝ハート〟の強さも！

2 調子が悪いなりに抑えられるピッチャーの見抜き方

CHECKPOINT ❶ 軸回転はどちらのタイプか？

まず、ピッチャーの「調子の良し悪し」を見るポイントから説明したい。

20ページのイラストを見てほしい。ピッチャーは横軸回転で投げる、縦軸回転で投げる、の2種類のタイプに大きく分けられる。

感覚として縦軸回転は、上から投げ下ろすタイプで、ホールトン投手（現読売ジャイアンツ）や永川勝浩投手（現広島東洋カープ）、武田投手らがあてはまる。イラストを見てイメージできると思うが、背の高いピッチャーに多い。このタイプは左右のコントロールが甘くなったり、コースを外れているときにピッチングの調子が悪いとみることができる。

一方、横軸は体の回転を利用して投げるピッチャーで、杉内俊哉投手（現読売ジャイアンツ）や摂津正投手（現福岡ソフトバンクホークス）らが代表例だ。ちなみに、僕も横軸の部類に入る。低めにボールを集めるタイプで、その投げ方からして、変化球は一般的にフォークなどの縦変化よりも、スライダーなどの横変化の球種が投げやすい（縦軸は逆）。低めにボールが集まりやすい横軸回転のピッチャーが、高めに抜けている場合は、調子がよくないときと思っていいだろう。

簡単にまとめると、横軸回転は高低のぶれ、縦軸回転は左右のぶれを見ておくと、調子の良し悪しが分かってくる。調子が悪いときに、どのようなピッチングをして試合をつくることができるか。これが「悪いなりに抑える」という意味になる。

工藤のミカタ

ピッチャーの軸回転は2タイプ
横軸回転は上下、縦軸回転は左右のぶれをチェック

投手の軸回転は2通りある

縦軸タイプの投手

身長の高い投手は、上から投げ下ろすタイプが多い。軸が長く、縦軸回転での投球が適している。これらの投手が横軸で投げようとすると、遠心力の関係で手が引っ張られてしまい、コントロールがつきにくい。遠心力の影響を受けにくい投げ下ろす形だと、コントロールがつくが、どちらかというと左右のコントロールはつけやすく、高低のコントロールがつきにくい傾向にある。得意な変化球も、カーブ、フォークボール、縦に落ちるスライダーは変化しやすいが、シュートやスライダーなど、横に変化するボールを多投すると、フォームの崩れや故障につながりやすい。

横軸タイプの投手

平均的な身長(もしくは低め)の投手は軸が短く、横軸回転での投球が適している。高低のコントロールはつけやすく、左右のコントロールがつきにくい傾向にある。得意な変化球も、縦軸タイプとは違い、横に曲がるスライダー、シュート、カットボールなどで、フォークやカーブなどは変化しずらい。

	横軸タイプ	縦軸タイプ
身長[軸の長さ]	低め[軸が短い]	高め[軸が長い]
得意な球筋	上下のコントロール	左右のコントロール
得意な変化球	シュート、カットボール、横に曲がるスライダー	カーブ、フォークボール、縦に落ちるスライダー
代表的な選手	杉内(巨人)、攝津(ソフトバンク)	ホールトン(巨人)、永川(広島)、武田(ソフトバンク)

※敬称略

CHECKPOINT ❷
体と頭のバイオリズムの状態

「悪いなりに抑える」の中の「悪い」にはふたつの要素が含まれている。体のバイオリズムと頭のバイオリズムが関係しているのだ。体も頭も絶好調という日は、年間で2〜3回程度で、片手で数えられるほどしかない。だから、「今日は調子が悪いからダメだ」なんて言っているうちはプロで活躍することはできない。特に1週間に一度しか投げない先発がこのような心意気では起用する側も困ってしまう。

どうすれば、バイオリズムが悪いときに抑えることができるか。

私の経験上、体のバイオリズムが落ちていても、頭のバイオリズムがよければ何とかなることが多い。「低めやコースに丁寧に投げる」意識を持ちつづけていれば、試合をつくることはできる。これには1試合通しての「集中力」が必要だ。集中力を維持できなければ、悪いなりに抑えることは難しい。

ベテランと呼ばれるピッチャーは、調子が悪いときに抑えた経験を数多く持っているので、ランナーを出しても簡単に動じない。毎回のようにピンチを迎えるものの要所を締め、何とかしのいでいるうちに味方が援護して勝ち投手になる、そんな展開の試合を観戦した方もいると思う。ベテランピッチャーがのらりくらりと抑えていくのには、こんな理由もあるのだ。

工藤のミカタ
体の調子は悪くても、頭の意識次第で試合をつくれる

CHECKPOINT ❸

打たれた次の登板試合でのピッチング内容

気をつけなければいけないのが、体が絶好調、頭が絶不調時のピッチングだ。僕自身、若い頃は、ストレート勝負の単調なピッチングになって痛打されることが多かった。ブルペンで投げているときに「今日はいつもよりボールが走っている！」などと感じてしまうから、ついつい勢いで勝負にいってしまう。

序盤は快調に抑えていたピッチャーが急に一発を打たれて、そこからガタガタと崩れる試合を見たことがあるのではないだろうか。こういうときは体が絶好調で、頭が絶不調である可能性が高い。ピッチャーは打たれた経験を通じて、体が絶好調なときほど丁寧なピッチングをしなければならないと、身をもって理解していくものなのだ。

よく「成功体験が大事」と言われるが、むしろ失敗をどう生かすかが本当のプロではないのか。打たれた怖さを知り、自分が活躍する（バッターを抑え、勝ち星を増やす）ためにどんな工夫が必要なのか。毎年、順調に成功しつづけて、そのまま引退する選手なんているわけがない。状態が悪いときに打ち込まれた若いピッチャーが、それを教訓にして次の登板にどう生かしているのか。「打たれた次の登板試合」に注目してほしい。

工藤のミカタ

頭が絶不調の場合は単調になりやすい
打たれたあとの登板試合で「教訓」の生かし方が分かる

3 「ピッチャーはアウトローが生命線」の本当の意味

CHECKPOINT ❶ バッターにとってのアウトロー

「アウトローが生命線」と言われるのはなぜだろうか？

これは配球面とも関係してくる。まず、バッター視点でアウトロー（外角低め）は、自分の目から一番離れているので、打つには難しいボールである。何をするにしても目から近いところで動作をしたほうが、確実性が高いのはイメージできるだろう。さらに低いコースなので、バットに当てた際、物理的にゴロになりやすい。

一方で初球からバッターが狙うケースもある。ランナーが一塁や二塁にいるときだ。ランナーの背中側に打てば、次の塁へ進める可能性が高くなる（詳しくは166ページ）。右バッターの場合、アウトコースを打てばライト側に飛びやすいために、狙い打ちするわけだ。

コースに逆らわずに打とうとすれば、アウトコースはライトへ、インコースはレフトへ打つのが自然の形になる。ただ、そうであってもバッターから見て遠くて低いアウトローは打ちづらいことに変わりはない。先に述べた理由からして、初球から狙う可能性は、ほかのコースに比べると低いということだ。つまりは、アウトローにきっちり投げられれば、カウントを優位に進めることができる。これが「アウトローが生命線」と言われる所以である。

工藤のミカタ
バッターの目から一番低くて遠い初球からヒットになりづらいコースを狙う可能性は低い

CHECKPOINT ❷
ピッチャーにとってのアウトロー

ところで、考えてみてほしい。アウトローに狙ったとおりに投げられるピッチャーがどれだけいるだろうか。正直、野球ゲームのような精密機械のピッチャーは皆無に等しい。そもそもアウトローには右バッターのアウトローと、左バッターのアウトローの2種類がある。両方を投げ分けられてこその一流ピッチャーといえる。

だからピッチャーによっては、「アウトロー」ではなく「アウトコース」という感覚で投げている。高めにさえいかなければいい。だいたい外角に、打者の腰の高さから低め辺りにボールがいけばいいという感覚だ。

キャンプや試合前・試合中のブルペンではアウトローに投げる練習をしている。例えば春季キャンプを訪れた際にブルペンを見てほしい。また西武ドームをはじめ一部の球場では、ブルペンが外に設置されている。チャンスがあるときにこの視点でピッチャーの動きを確認してほしい。5球連続でアウトローに投げられるピッチャーがいたらたいしたものだ。

工藤のミカタ

狙った通りにアウトローに投げるのは至難の業
ブルペンのピッチング練習をチェック!

打者と投手にとってのアウトロー

打者にとってのアウトロー

ランナーの状況によっては狙い打ちしてくるバッターもいるが、基本的にアウトローは、バッターの目から一番遠いので、打ちにくいコースである。バットに当てたとしてもゴロになりやすい。

投手にとってのアウトロー

バッターを打ち取れる可能性の高いコースなだけに、ここにビシッと投げられるのが理想的。しかしバッターが打ちにくいコースであると同時に、ピッチャーにとっても狙いにくいコース。したがって、薄いグレーゾーン（アウトコース）に投げる感覚で投げるピッチャーが圧倒的に多い。

4 「左ピッチャーは左バッターに強い」の真偽

CHECKPOINT ❶ 左ピッチャーは左バッターに強い?

現在のプロ野球の状況として、左の強打者が多いため、どの球団も左ピッチャーを欲しがっている。オーバースローで芽が出ない左腕をサイドスローにして、ワンポイントとして育成する球団もある。だが、僕はそのやり方には反対だ。左のワンポイントで10年も15年も活躍した例があるだろうか。最後の賭けとしてサイドスローに転向するのはやむを得ないが……どうしても、寿命は短い。

左のサイドスローで長く活躍した例には、西武の黄金期を支えた永射保氏がいる。永射氏は右バッターも抑えることができた。こういう方でなければ、プロ野球界に残っていけない。

ワンポイントで活躍する絶対条件は、「特徴」を持っているかだ。サイドスローの場合は、オーバースローにはない「角度」が生まれる。左バッターからしたら背中のほうからボールがくる感覚になるだろう。ただ、これだけではいつか攻略される。大事なのは角度のほかに、どんな武器があるかだ。

森福允彦投手（現福岡ソフトバンクホークス）は右バッターの外の出し入れに長け、シュートを得意にする。プロに入ってからサイドに転向した宮西尚生投手（現北海道日本ハムファイターズ）には、ストレートの球威がある。角度があるうえに速いストレートを投げられたら、バッターは芯でとらえるのが難しい。

2011年から腕を下げた松永浩典投手（現埼玉西武ライオンズ）は、はじめスリークォーターだったが、今は完全なサイドスローになった。また、森福投手のように、足を上げたときに右肩をグッと中に入れて、ボールの出所が見づらいように工夫を施した。これによって、2012年の後半戦は安定したピッチングができるようになっていた。

セ・リーグを代表する左のワンポイントに小林正人投手（現中日ドラゴンズ）がいる。特に阿部慎之助捕手（現読売ジャイアンツ）に対して、レギュラーシーズンで通算24打数1安打と絶対的な強さを見せている。大きな曲がりを見せる独特のカーブを持っているため、左バッターからすれば相当打ちづらいはずだ。曲がりが大きいだけでなく、ストレートと同じ腕の振りで投げられるので、球種の判別がしにくい。それも、ピッチャーにとって何よりの武器になる。

工藤のミカタ

「角度」+「武器」となる球種特徴がなければ左対左でも通用しない

CHECKPOINT ❷

左ピッチャーは左バッターに投げやすい?

一方で、左バッターに投げづらい左ピッチャーもいる。僕がそうだった。その最大の理由は、球種が制限されることだ。僕は右バッターに投げていたシンカーが、左バッターには投げられなかった。シンカーは右バッターから見ると外に逃げていく軌道を描く。左バッターに

今や、ホークスの抑えを務める森福投手。ボールの出所が見にくいフォームによって、
安定した成績を残している。

置き換えるとインコースにシンカーを投げることになる。的が小さくなるうえ、投げそこなうとデッドボールの危険があり投げづらいのだ。実はこの手の左腕は意外に多い。そうなると、左バッターからすれば、アウトコースだけ狙って踏み込むことができるので攻略しやすくなる。そこで、左バッターのインコースをいかに突けるかがカギを握ってくる。

左バッターのインコースを攻めて成功したのが内海哲也投手（現読売ジャイアンツ）だ。2012年から本格的に使いはじめたツーシームを、左のインコースに集めていた。左バッターにとって、左腕の食い込む球は打ちづらい。ピッチングの幅を広げる球種となった。

内海投手のように左ピッチャーが左バッターのインコースにどれだけ投げられるか。左対左の対決でも、違った見方ができるようになる。

工藤のミカタ

投げる球種が制限されるピッチャーがいる
左バッターのインコースに投げられるかを確認

左投手対左打者で、どう投げる?

投げにくい球種はスクリュー(シンカー)

左投手が投げるスクリューボール(シンカー)は、対右打者であればアウトコースに逃げるボールとなるため、バッターにとっては打ちにくい。特にストライクゾーンからボールになるコースにいけば、空振りをとれる可能性も高い。しかし、対左打者になると、コースが少し甘くなると、真ん中への失投やデッドボールになる危険性が高い。

ツーシームで、左打者の胸元をえぐる

インコースを攻めきれずに、アウトコース中心の組み立てをしていては、必ずバッターは踏み込んで打ってくる。やはりインコースで胸元をえぐっておいて腰を引かせてこそ、アウトコースも生きてくる(バッターが踏み込めない)。内海投手のようにインコースをえぐるツーシームがあれば、対左打者への強力な武器になる。

CHECKPOINT ❸ 左バッターは左ピッチャーを苦手にしているのか？

左バッターの視点でいうと、左ピッチャーと対するときは外に逃げる球をマークする。右肩が早く開いてしまうと、逃げる球に対応できないため、バッターは「肩を開かずにセンター返し」の意識を強くする。実はそれをきっかけに、引っ張りの意識が強くて調子を崩していた左バッターがバッティングの基本を思い返すということもある。

首脳陣は必ず対戦打率などデータを把握しているが、果たして、どれぐらい意味のあるデータであるか。指揮官の腕の見せ所である。仮に対戦打率が4打数1安打で2割5分だとしても、次の打席でヒットを打てば5打数2安打で4割になる。これだけの少ない対戦数で「左バッターに左ピッチャーをぶつけよう」と決めつけてしまうのはいかがなものだろうか？

これまでの話を総合すると、左ピッチャーだから左バッターが有利とは決して言えない。有利になるのは、「特徴」を持った左ピッチャーのときだけである。

左打者対左投手で、左打者の視点

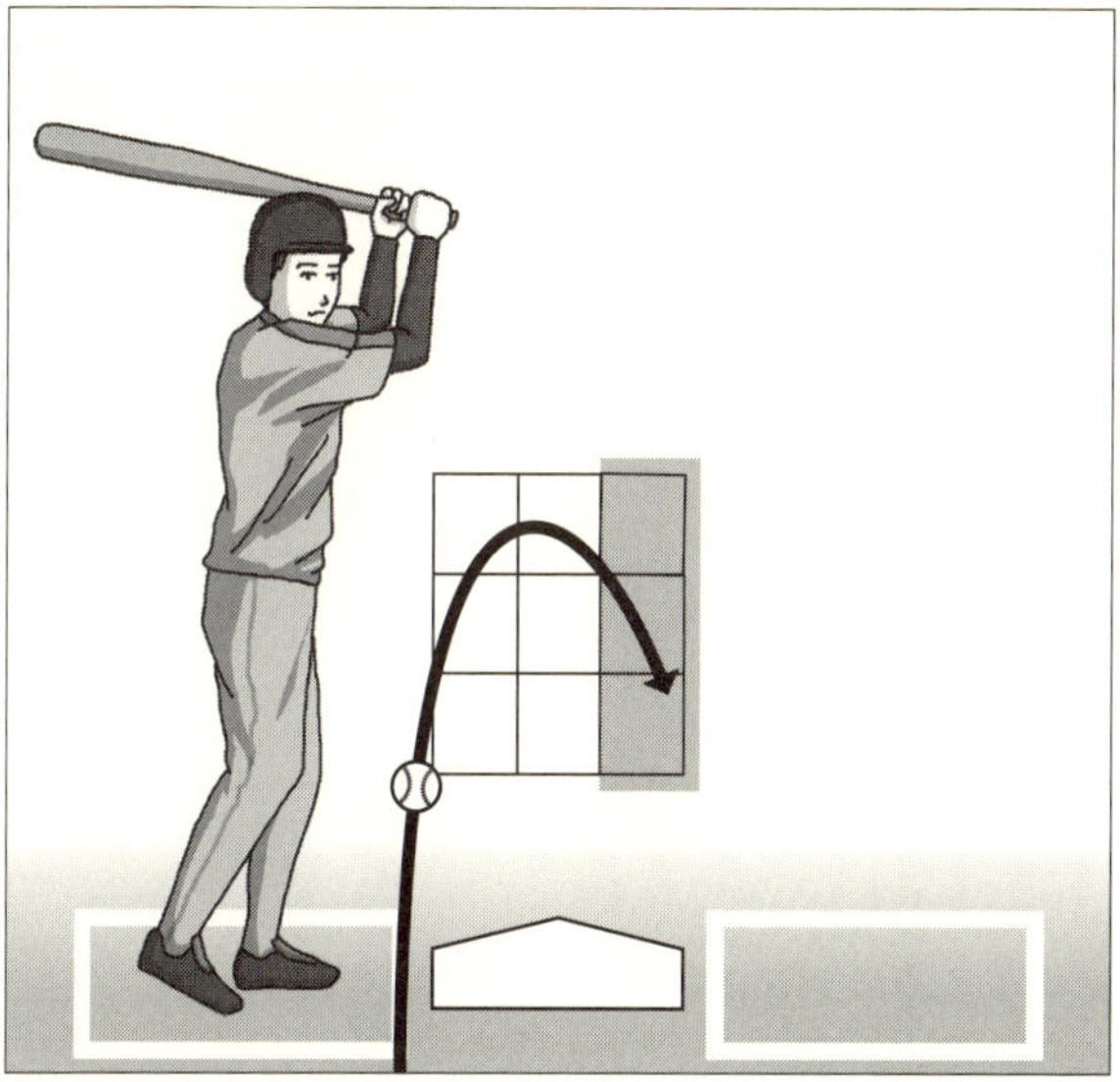

左打者はセンター返しを意識する

P.33でも説明したように、左打者のインコースを突く左投手は思ったほどいない。打者もそれが分かっているから、当然アウトコースへの意識が強くなる。左投手がアウトコースへ投げるカーブやスライダーなどは、引っ張りの意識が強いと、肩が早く開いてしまうため、センター返しのタイミングで合わせる。

工藤のミカタ
左ピッチャーと対戦することで、調子が戻る左バッターもいる
左ピッチャーが必ずしも有利ではない

5 キャッチャーのサインに首を振る意図

CHECKPOINT ❶ ピッチャーの心理状態

サインに首を振る理由として、三つの可能性が考えられる。

ベテランピッチャーに多いのが、「サインを回す」意味で首を振ることだ。〝「首」を振れ〟のサインが用意されている。バッターの心理からすると、ピッチャーが首を振っている姿を見ると何を投げてくるのか的をしぼりづらい。そこで、わざと首を振ってバッターを迷わすと

きがある。ピッチャーがサインに対して二度、三度も首を振っている場合は、サインを回している可能性が高いといえる。

ふたつ目は、単純にピッチャーがその球種を投げたくないときだ。

インコースのストレートを要求されていても、甘く入っての長打が怖いために首を振る。バッテリーでしゃべるわけにはいかないので、首を振ることでピッチャーの意思を伝えている。

では、首を振られたキャッチャーはどうするか。ほかのサインを出すのもいれば、そのまま変えずに「投げてこい！」というキャッチャーもいる。城島健司氏（元阪神タイガース）がそうだった。さすがに僕にはやってこなかったが、若手には出していた。強気に攻める城島氏らしいところだ。

三つ目は、「そこは打たれる」「危ない」と思って、首を振る。過去のデータやその打席での配球を考えて、イヤな予感がよぎる。ここがふたつ目に紹介した首振りとの大きな違いで、「怖くて投げられない」と「あえて投げない」では意味が全く違う。自分でなぜ首を振ったか、論理的にきちんと説明できるようにならなければ、プロで活躍できない。

基本的には首を振る行為は、ピッチャー自身のリズムを崩しかねないので避けたいところだ。できることなら首を振らずにテンポよく投げていきたい。そのためには、ピッチャー自身の考えを常日頃からキャッチャーに伝え、理解してもらう必要がある。当然、それだけの話をできるためには、公式戦でたくさんマウンドにあがり、経験を積んでいかなければいけない。

工藤のミカタ

首を振る理由に、三つの可能性がある！

CHECKPOINT ❷

バッテリーとの相性

野球ではよくキャッチャーとピッチャーをセットで「バッテリー」と呼ばれる。バッテリーには相性がある。相性の良し悪しはさまざまな要因があるが、そのひとつがサインを出すテンポだ。早いリズムで投げたいピッチャーは、テンポよくサインを出してほしい。にもかかわらず、サインを出すのが遅かったり、サインが合わないと、ピッチャーはイライラしてしまうものなのだ。

今は、ピッチャーが「このキャッチャーにしてください」と首脳陣に伝えるケースが多い。ピッチャーのリズムを最優先に考えるからだ。例えば、北海道日本ハムファイターズは吉川光夫投手が先発時にキャッチャーは鶴岡慎也捕手、武田勝投手や外国人ピッチャーの場合は、大野奨太捕手と、投手のタイプによって使い分けているが、その背景にはこういう意図があるのではないかと僕は思う。

ファンの視点で、どのようにピッチャーとキャッチャーの「相性」を感じとるか。何よりピッチャーの表情を見るのが一番だ。イライラしていたり、あからさまに首をひねったり、ときにはタイムをかけてキャッチャーをマウンドに呼んだり……こういう仕草をしているときは、ピッチャーが集中できていない。その辺りを参考にしていただきたい。

工藤のミカタ

ピッチャーにはリズムがある
相性の良し悪しはピッチャーの表情から見てとれる

キャッチャーは女房役？

バッテリーはよく「夫婦」にたとえられる。キャッチャーは女房役と表現され、主人であるピッチャーをなだめたり、おだてたりして支えてきた。

しかし、最近は世の中の夫婦関係に似てきたのか、キャッチャーの性格が変わってきた。ピッチャーのタイプでいうと「恐妻家」が多い。

2012年の日本シリーズ第二戦で、阿部捕手がマウンド上で二塁けん制のサインプレーを見落とした澤村拓一投手（現読売ジャイアンツ）の頭をミットで叩いたのは記憶に新しいところだ。年齢的な部分もあるだろうが、今やキャッチャーがピッチャーを引っ張っている。そしてどっしりと怖いキャッチャーが固定されているチームほど安定した成績を残す。城島氏や谷繁元信捕手（現中日ドラゴンズ）もそのタイプに入る。

ピッチャーからしてみれば、ピッチングに専念したいので、引っ張ってくれるキャッチャーのほうがやりやすい面もある。これからさらに恐妻家が増えていくかもしれない。

一方で、引っ張るだけでなく気遣いや心遣いは求められる。

キャッチャーの気遣いや心遣いは、球審から新しいボールをもらうときに見える。僕が城島氏によく言っていたのは、「球審からボールをもらったあとは、両手でこねてからピッチャーに渡しなさい」。投げることに集中したいのがピッチャーだ。何も考えず、球審に投げさせるキャッチャーもいるが、ピッチャーを思い、ボールがなじむようにこねてから渡してほしいのがピッチャーの心理である。ボールが変わるときに、キャッチャーが自らこねてピッチャーに渡しているか。彼らの気遣い、心遣いを見てほしい。

工藤のミカタ

**怖いキャッチャーの存在がチームを牽引
恐妻家のピッチャーが増えている**

6 プロでけん制死が少ない理由

CHECKPOINT ❶ クイックの技術

けん制球でランナーがアウトになるシーンはあまり目にしないと思う。それはランナーを引っかけるようなけん制球を、プロのピッチャーがあまり投げていないからだ。プロ野球界の考えは、けん制よりもクイック（クイックモーション）を速くするというものだ。これは投手の投球動作をすばやくするという意味で盗塁を防ぐ投げ方だ。クイックで速く投げられるようになれば、盗塁される可能性は低くなる。

キャッチャーの盗塁阻止率が話題にのぼることがあるが、盗塁を刺すのはキャッチャーだけの力ではなく、ピッチャーのクイックが絶対的に必要となる。具体的にいえば、プロに求められるクイックは約1・2秒以内。左写真のようにピッチャーが足を上げてから、キャッ

クイックの技術

顔を捕手に向けると同時に投球動作を開始する。

足をすばやく前方へ出しつつ、連動して両腕はほぼ同じ軌道を描いて肩の高さへ。

正しいトップの位置を通過。グローブ側のヒジを脇の下にはさむように引きながら右の股関節を軸に体を回転。

回転したことで自然と肩・腕・手首が前に出る。体より前でボールをリリースする。

軸足の太ももの横に腕が触れるぐらい、振り切る。

チャーのミットに届くまでが約1・2秒以内だ。1・3秒を超えると、盗塁を刺すのは難しい。1・1秒台で投げるピッチャーはかなり速いといっていい。現役選手では久保康友投手(現阪神タイガース)や小野晋吾投手(現千葉ロッテマリーンズ)はクイックの速さに定評がある。

このクイックに代表されるように、今はバッターに投げることだけに専念しているピッチャーでは勝てない時代になっている。バント処理を含めたフィールディング、ファーストのベースカバーなど、細かいプレーができなければいけない。そういう面でずば抜けてうまいのが浅尾投手だろう。無理な体勢で捕っても、一塁や二塁に素晴らしいボールを投げる。身体能力の高さが際立っている。浅尾投手の「守備」にもぜひ注目してほしい。

投げる以外の面が苦手なのが外国人ピッチャーだ。クイックの速さは、日本人のピッチャーと比べると明らかに遅い。ストップウォッチがあれば、試しに計ってみるのもいいだろう。これは日本の野球とメジャーの野球の違いがある。よく、日本は守備や走塁を重視した「細かい野球」と表現されるが、それはクイックに対する意識の違いにも表れている。外国人ピッチャーの多くは、オープン戦でその部分をコーチに指摘され、フォームを修正するケースが多い。

工藤のミカタ
けん制よりもクイックを重視。秒数を計ってみると面白い

CHECKPOINT ❷
ランナー一塁時の左ピッチャーの足の上げ方

特に今は左ピッチャーに、速いクイックが求められている。僕がやっていた頃に比べると、一塁けん制のボークの基準が厳しくなった。当時はグッと腰を入れてもけん制ができていたが、現在ではボークをとられる。左では内海投手や吉川投手のクイックがうまい。やはり勝ち数の多いピッチャーはこういう細かい技術もしっかり習得しているものだ。

ランナーが出たら通常すべてクイックで投げる。ただ、左ピッチャーはランナーを真正面に見ることができるので、足の上げ方で駆け引きができる。ピッチャーによっては、ゆっくり足を上げて投げたり、クイックで投げたりと使い分けていることもある。

クイックにも弱点はある。ゆっくりと足を上げる時間がないために、ストレートの球威が落ちやすいのだ。クイック＝盗塁されないことを優先にするため、これは仕方のないことといえる。そのためにピッチャーが磨くのが変化球、とくに微妙に動くツーシームになってくる。ツーシームの利点については、8・ボールのキレとは何か（54ページ）の項で触れたい。

工藤のミカタ
左ピッチャーは足の上げ方で駆け引き
球威が落ちるからこそ、動くボールの習得を

CHECKPOINT ❸
ランナーのリード幅

テレビ中継で一塁ランナーが出ると、カメラアングルが切り替わり、三塁側から一塁走者と投手の駆け引きを映すケースが多い。そのときにランナーのリード幅を見ておくと、そのピッチャーのけん制のうまさが分かることがある（野球場で観戦時にも確認してみてほし

1塁けん制の種類

ゆっくり投げる

タイミングが合わなくても途中で止めない。

上げた足を一塁方向へ踏み出す。

まっすぐの姿勢から、足を上げて投球をすると見せかける。

クイック

途中で止めずに投げる。この一連の動作をすばやく行う。

足を軽く上げて、1塁へ踏み出す。

セットポジションの態勢に入る。

い）。同じランナーでも、ピッチャーによってリード幅を約1歩、変えることもあるのだ。左ピッチャーの場合はほぼ同じなので、特に右ピッチャーに対したときを見てほしい。というのも、左ピッチャーが速いけん制を投げていることはほとんどないからだ。前のチェックポイント❷でも触れた通り、左ピッチャーはランナーとの駆け引きで足の上げ方や、首の使い方を変える。一方、右ピッチャーはターンの速さで、ランナーを刺しにくる。通常のリード幅よりも狭い＝ターンの速いピッチャーと判断していいだろう。

一方で、どんなピッチャーに対してもリード幅を変えない選手もいる。「帰塁」が基本になっていて、はじめからリード幅をあまりとっていない選手に多い。

工藤のミカタ

ピッチャーによってリード幅が一歩違うランナーもいる！

ランナーのリード幅に注目

ランナーは一塁ベースからどれくらい離れている?

テレビ中継で、足の速いランナーが一塁にいる場合、こういったカメラアングルに切り替わる。ここではランナーのリード幅を見てみよう。足が速くても、投手のけん制技術の違いによって、リード幅は若干変わるもの。これを見るだけで、ランナーの投手に対する意識の違いが明らかになる。

7 クセを盗まれないためのプロの技

CHECKPOINT ❶ ボールの握り方

プロのピッチャーの場合、グラブにボールを入れた状態でサインを見ることが多い。これはクセを盗まれるのを防ぐためだ。一方で、利き手にボールを持ったままサインを見るピッチャーもいる。このときは「握り」から球種がばれないように、さまざまな工夫をしている。

僕はボールを握ったままサインを見ていたが、そのとき、常にシンカーやフォークの球種で持っていた。なぜなら、投げる球種の握りで持っていたら、バッターにばれてしまうからだ。グラブの中で、実際に投げる握りに変えていた。わざわざ、シンカーやフォークで握るのにも理由がある。このふたつは、指を開いて握る球種だからだ。ここから、ストレートやスライダーを投げるときは、グラブの中で握りを変える。開いていた指を閉じればいいわけだ。

では、逆のことをやるとどうなるのか。たとえばグラブの中で、ストレートの握りからフォークの握りにする。こうなると指の幅が広がるために、グラブの形が変わる可能性がある。また腕が上下に動けば、たった一瞬でも、球種が変えたことをあばかれてしまう。プロの選手はここまで細かい動きを見ている。

工藤のミカタ
グラブの形、腕の動きが分からないように握りかえる

CHECKPOINT ❷
アンダーシャツは長袖？ 半袖？

僕はどんなに暑いときでも長袖のアンダーシャツを着ていた。これにはふたつの理由があり、ともに新人時代の監督・広岡達朗氏に教わったことだ。

グラブの中で握りを変えているときに、前腕の筋が動く。

握りを変えるタイミング

フォークボールの握りをしておく
※指が短い投手などはボールを挟む球種は投げにくい。

打者や走者にわからないように、グローブの中へボールを入れて……

フォークを投げるならそのまま。他の球種なら腕の動きを最小限にして握りを変える。ヒジは極力動かさない。

半袖の場合はこの動きが丸見えになってしまうのだ。バッテリー間は18・44メートル。「その距離で見えるの？」と思うかもしれないが、ピッチャーから見てバッターの目の動きがよく分かる。

目の動きが見えるということは、筋肉の動きが分かってもおかしくない。

もうひとつの理由は汗だ。半袖を着ていると、汗がポタポタと滴り落ちて、それが指先まで伝ってしまうことがある。

「汗でボールが滑って、甘く入ったらどうするんだよ。その1球が勝敗を分けるんだぞ！」

と広岡氏に教えていただいた。今でも鮮明に記憶に残っている。

工藤のミカタ

筋肉の動きで球種を読まれる可能性がある

8 ボールのキレとは何か?

CHECKPOINT ❶ 藤川球児投手のストレートは、なぜ、打たれない?

物理学的にいえば、150キロを超えるストレートであってもバッターの手元で浮き上がることはない。リリース地点から比べると、重力の関係でボールは必ず減速し、下に落ちている。「キレがいい」とは、この減速が少ないことをさす。

さらに踏み込むと、ボールをリリースした際の初速と、打席付近の速度(終速)の差が少ないともいえる。ここにはボールの回転数がかかわってくる。回転数が多ければ多いほど浮力が生まれて、落ち幅を少なくすることができるのだ。

全盛期の藤川投手はストレートの回転数が、ほかのピッチャーよりも多いといわれていた。ケガをする前の浅尾投手も、藤川投手と同じようなストレートを投げていた。バッターが

ボールのキレは、リリースポイントと回転数に関係あり

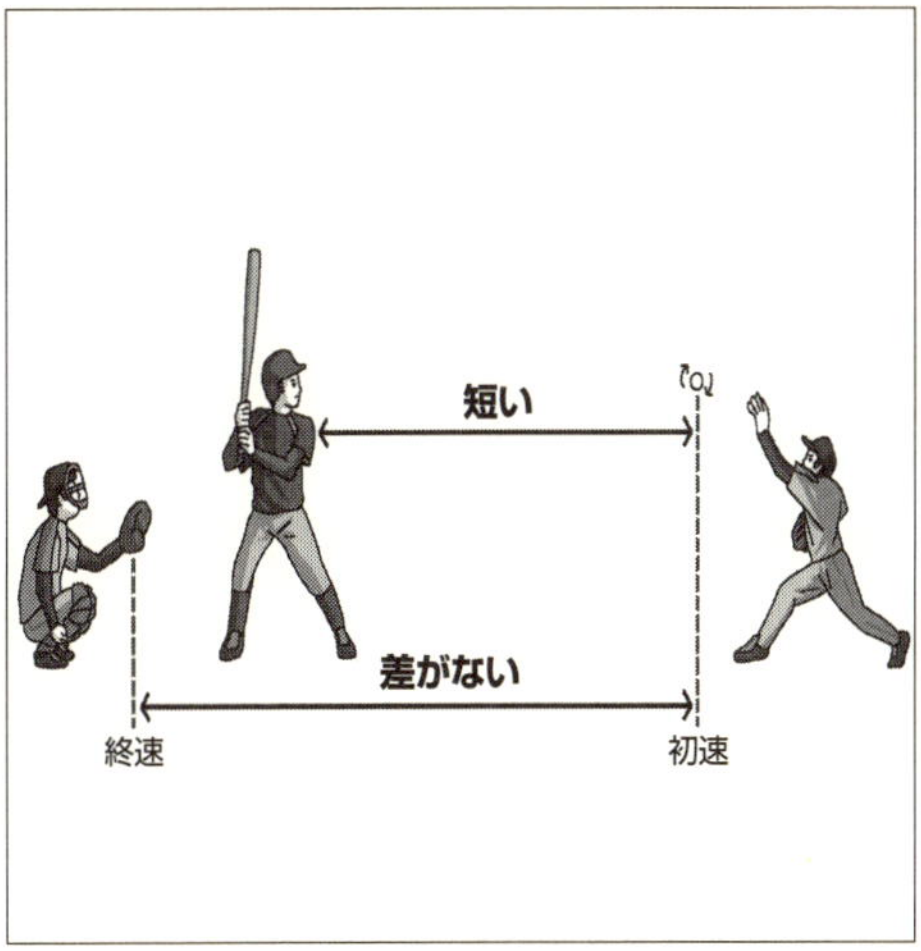

リリースポイントが遅い（体より前）

打者との距離が近い分（リリースポイントが体より前）、初速と終速の差が出にくく、ボールが伸びているとバッターは感じやすい。ボールはギリギリまでリリースされないため、バッターはタイミングがとりにくい。ボールを見極める時間が短い分、差し込まれやすい。

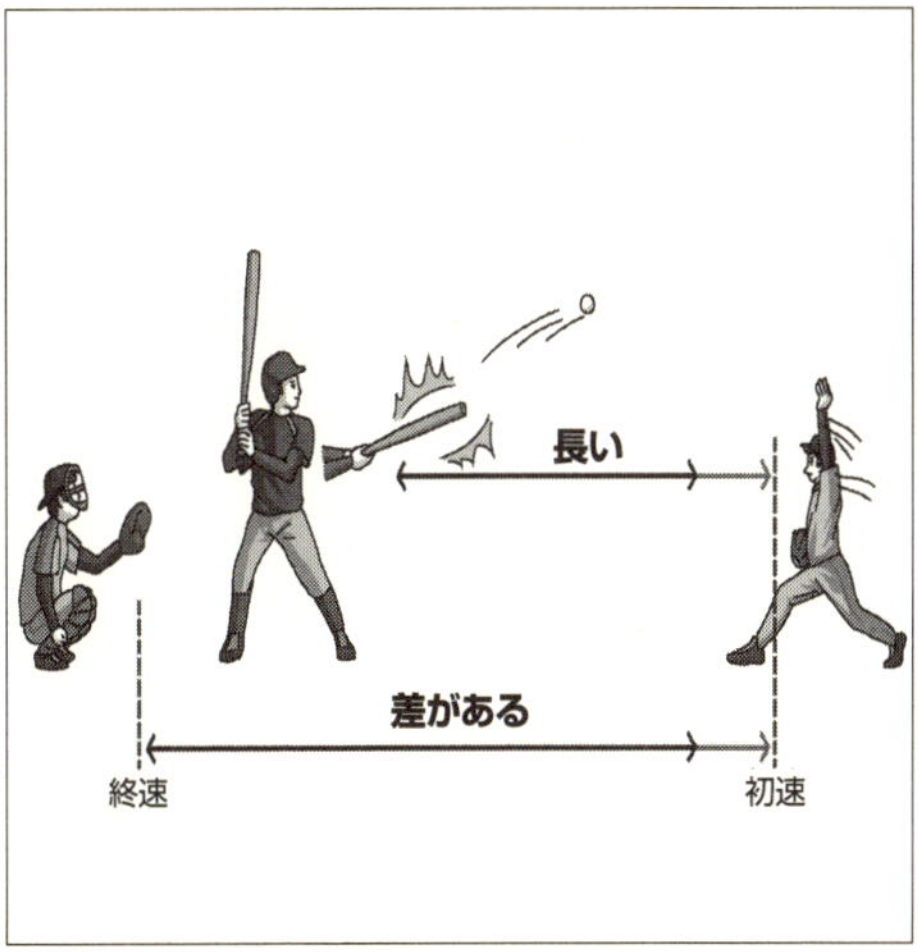

リリースポイントが速い（体より後ろ）

ピッチングの基本は、できる限り打者の近くでリリースすることにある。リリースポイントが体より後ろだと、マウンドまでの距離がある分、初速と終速の差が出やすい。バッターもボールを見極める時間があるので、タイミングもとりやすく、差し込まれにくい。

「このあたりにくるな」と予測をつけてバットを振っても、ボールはその上にある。つまり、ボールの下を空振りしているのだ。ほかのピッチャーと比べると、「落ち幅が約20センチ違う」という話も聞いたことがある。

　さまざまな球種があるが、バッターが分かっていても打てないボールはストレートのみといっていい。藤川投手、浅尾投手に対してストレートを待っていても仕留められないシーンを見ると、分かるのではないだろうか。だから、ピッチャーはストレートを磨く。「ストレートが基本」と言われるのは、こういう理由がある。

工藤のミカタ

初速と終速の差が小さいボールは「キレがある」
回転数によって浮力が生み出される

CHECKPOINT ❷

「キレのよさ」を見極める判断基準

２０１２年の日本シリーズ第四戦で先発した中村勝投手（現北海道日本ハムファイターズ）のピッチング内容を覚えているだろうか。巨人打線がストレートに照準を合わせているにもかかわらず、そのストレートをとらえきれずにフライを上げていた。決してコースにボールが来ていたわけではなく、甘い球もあったはずだ。スピードも１４０キロ台前半が多かったと記憶している。

中村投手のストレートこそ、まさにキレのいいボールだ。バッターが「とらえた」と思っても、ボールの回転数が多いために減速が少ない。ボールの下を振るバッターが目立っていた。

新幹線が通過するときのことをイメージすると、分かりやすいかもしれない。遠くから新幹線が来たなと思ったら、予想以上のスピードで目の前を通過する。キレのいいボールとは、これによく似ている。思い描いていたスピード以上でボールが来るため、とらえることができないのだ。結果的に空振りをしたり、バットに当たっても詰まって、フライになる。

甘いコースのストレートでも、バッターが高いフライを打ち上げているようなときは、キレのいい球がきていると思っていいだろう。

工藤のミカタ

平均的な球速、甘いコースにもかかわらず、バッターが打ち損じていれば、そのボールにキレがある！

CHECKPOINT ❸
おじぎするボールはバッターにとって絶好球か？

フォーシームとツーシームという言葉を聞いたことがあるだろうか。

フォーシームは藤川投手や浅尾投手が投げているストレートだ。中指と人差し指をボールの縫い目に直角にあてることで、1回転で四つのシーム（縫い目）が回るため浮力を受けやすくなる。

ツーシームは、言葉のとおりふたつのシームだ。中指と人差し指を縫い目に沿うように置くと、1回転でふたつのシームが回る。

1回転で考えればわずかにふたつのシームの差だが、18・44メートルで考えると、この差が微妙な変化を生み出す。ツーシームは空気抵抗を受けやすくなるため、バッターの手元で微妙に落ちたり曲がったりするのだ。メジャーリーグで流行っているボールで、日本でもその影響を受けて投げるピッチャーが増えてきた。いわゆる、回転が汚いボールだ。空振りをとるのではなく、バットの芯から微妙にずらしてゴロを打たせる。

昔は「ボールがおじぎしている」とも言われていた。日本では、きれいな回転のフォーシームが美徳とされていたが、バッターを打ちとることを考えると、汚い回転のほうがバッターはイヤかもしれない。

また、2011年から導入された統一球は以前よりも縫い目が高くなっているため、空気抵抗を受けやすい。さらにバットの芯でとらえないとなかなか前に飛ばない。こういった特徴から考えても、ツーシームに適したボールといえる。今後も投げるピッチャーが増えていくだろう。

フォーシームとツーシームの違い

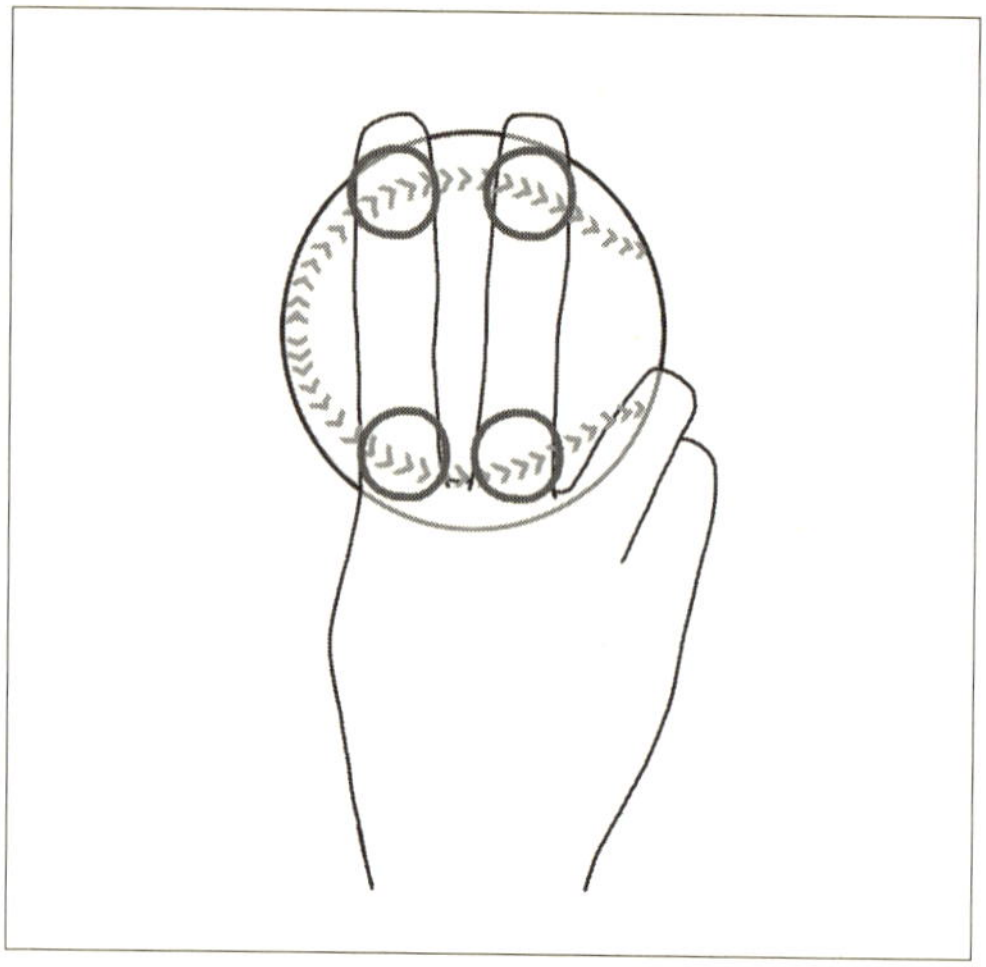

フォーシーム

2本の指をボールの縫い目にかける。4本の縫い目が回転にあわせて、規則正しく空気抵抗を受けるため、重力を受ける影響が少ない。一般的にストレートといわれるボールは、フォーシームをさす。

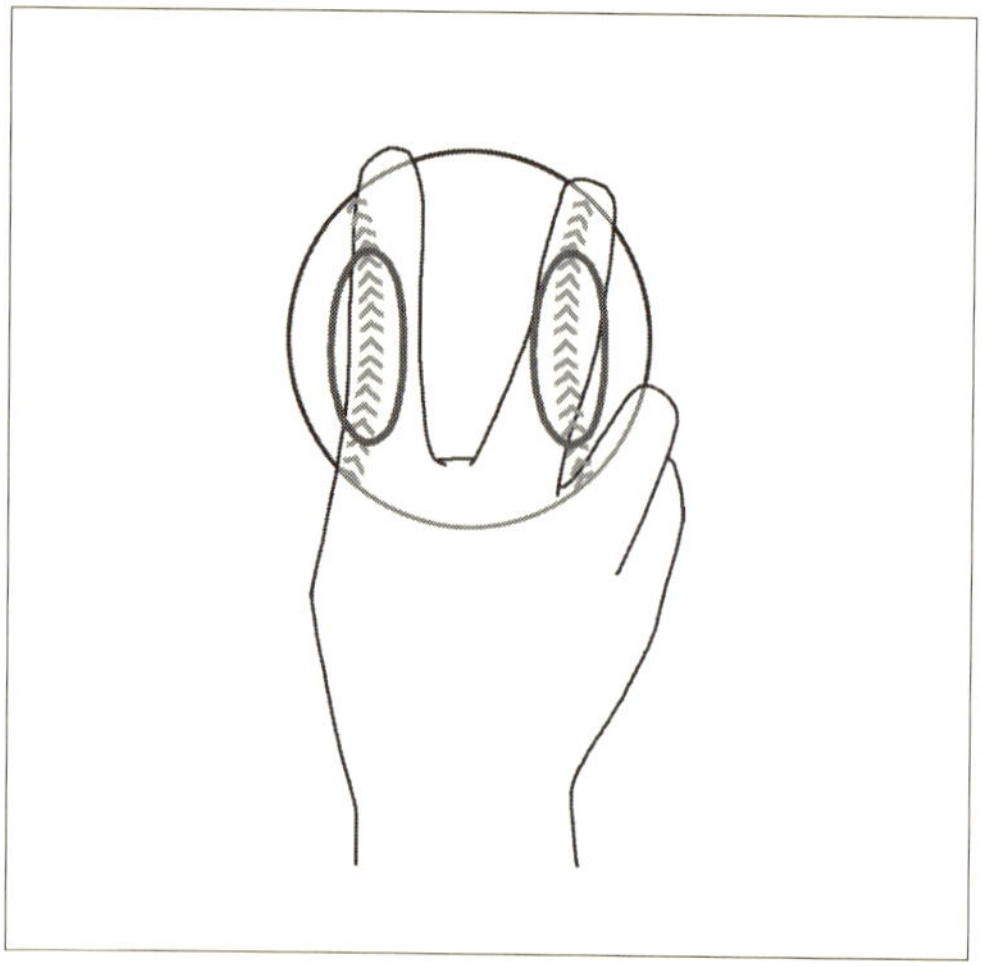

ツーシーム

2本の指をボールの縫い目にかける。2本の縫い目によって、やや不規則な空気抵抗を受け、微妙な変化をする。メジャーリーグでは一般的で、バッターのバットの芯を外す目的で、意図的にボールを動かすピッチャーが多い。

工藤のミカタ
回転の汚いボールで打ち取る現代のプロ野球
ツーシームが威力を発揮する

9 緩急をつけるとはどういう意味か？

CHECKPOINT ❶ 一番速いボールと遅いボールの球速差

キレのいいピッチャーに対したとき、バッターはどんな心理になるか。「ミートポイントを前にしよう（＝ピッチャー寄り）」と考えることが多い。言葉を変えれば、タイミングを早くとろうとするのだ。これだけストレートへの意識が強くなると、チェンジアップやカーブなど緩い変化球が来た場合、タイミングがずれて前に突っ込む形となり打ち損じやすい。

だから「緩急が大事」なのである。内海投手や杉内投手のピッチングを見ると、そのイメージがわきやすい。「ストレートと変化球の球速差が約30キロあると打ちづらい」ともいわれる。球場やテレビ中継ではスピードガンで球速が表示されるので、ストレートと変化球の球速差を確認してみるといいだろう。

工藤のミカタ

球速差が大きいほど緩急はつく。球速表示で判断!

CHECKPOINT ❷

ピッチャーの持ち球に、カーブがあるか

最近はカットボールやツーシームなど、小さな曲がりの変化球を投げるピッチャーが増えていることはすでに説明した。バットの芯を少しでも外そうという考えだ。

変化球にも「時代」があって、僕の若いときはカーブを投げるピッチャーが多かった。それがスライダーになり、今はカットボールやツーシーム。さらにチェンジアップを投げるピッチャーも多くなった。

こういう時代の流れだと、実は僕の入団当時に一般的だったカーブが生きてくる。

バッターは見慣れていない変化球に弱い。特に一級品のカーブを投げるピッチャーは少ないため、カーブが得意なピッチャーは最大の武器になる。前田健太投手（現広島東洋カープ）、摂津投手らのカーブを見てほしい。カーブによって、ピッチングの幅が広がっていることが分かるはずだ。緩急をつけるには適している。

カーブが効果的なのは、バッターの目線の置き方にも関係している。小さい変化が全盛のため、それに対応しようと準備をしているところに、カーブのように大きな変化球がくると顔が上に向きやすい。

バッティングは繊細なもので、顔がぶれるだけでバットの芯でとらえにくくなる。カーブには目線を変える効果もあるのだ。

工藤のミカタ

バッターは見慣れていないボールに弱い
縦に大きく変化するカーブは効果的

CHECKPOINT ❸

ピッチャーの投球時の腕の振り

緩急を生かすためには、ストレートも変化球も腕を振って投げることがもっとも大事だ。緩い球を投げようとすると、どうしても腕の振りも緩くなってしまうが、これでは「変化球だな」とばれてしまう。その瞬間に、バッターはタイミングの取り方を変えてくる。ストレートと30キロ近い差のあるカーブを投げたとしても、腕の振りが緩ければ対応される。

バッターに「ピッチャーの何がいやですか?」と聞けば、多くの選手が「腕を振られること」と答えるだろう。コントロールがアバウトであっても、思い切り腕を振って投げられると打てないものだ。緩いカーブやチェンジアップをストレートと同じ腕の振りで投げられているか。「緩急」で打ち取るピッチャーの腕の振りをチェックしてみてほしい。

工藤のミカタ
ピッチャーの基本は球種に関係なく、同じ軌道で腕を振る

10 ピッチャーが考えるピッチングの組み立て方

CHECKPOINT ❶ 登板前の準備が重要

現役時代は、試合前にトイレに30分こもり、相手打線をイメージしてシミュレーションをしていた。1番から9番までのバッターをどうやって抑えていくか。あのバッターは初球から振ってくるので、初球はこう投げて……と具体的にイメージしていた。

ランナーがいるケースも想定して行う。ランナーがいれば、狙い球や打つ方向が変わってくるからだ。ほかのピッチャーがどうやっているかは知らないが、僕はトイレでのシミュレーションをルーティンにしていた。

工藤のミカタ

登板前のイメージづくりが大切

CHECKPOINT ❷

データの生かし方

以前のバッターとの対戦でどういうボールで抑えたか、打たれたかはすべて頭に入っている。それを踏まえながら、対峙していくわけだ。

たとえば、直近の対戦ではカーブで抑えていたとする。そのバッターにカーブを投げたときに、どんな反応をするか。狙っていたとしても打てない振りなのか、それとも振り自体が変わってきているのか。そのあたりをしっかりと確認する。

ベンチに戻ってからは、「この間はカーブで抑えたけど、今日は打ちにきているぞ。分かっているか？」とキャッチャーに伝える。ときおり、テレビ中継でベンチに戻ったバッテリーが話している場面が映しだされるが、配球の話をしていることが多い。「分かっています」と言えば、それでオッケー。バッテリーが思っていることを互いに確認し合うことが大事である。

打たれた理由は必ずある

２０１２年の日本シリーズ第六戦、巨人が3点リードで迎えた6回表、先発の澤村投手が中田翔選手（現北海道日本ハムファイターズ）に同点3ランホームランを打たれた。その前には陽岱鋼選手、今シーズンからオリックスバファローズでプレーする糸井嘉男選手にヒットを打たれて、チャンスを作られている。

三人に共通しているのはローボールヒッターという点だ。阿部捕手は高めに構えていたにもかかわらず、澤村投手が低めに投げそこなってしまった。

そのとき、どんなことを考えて投げていたのだろうか。「ローボールヒッターだから高めに投げる」という意識があれば、低めにいかなかったかもしれない。ローボールヒッターに低めに投げて打たれていては、それまでの5回無失点のピッチングは「もったいなかった」で終わってしまう。

たった一球で勝負が決まってしまうのがプロ野球の世界。こういった意識をより強く持つようになると、澤村投手はさらに素晴らしい投手になるはずだ。

工藤のミカタ

強い意識を持って投げつづけられるか打たれるのには必ず理由がある

11 先発向き？ 抑え向き？ タイプの見分け方

CHECKPOINT ❶ どの筋肉が優れているか

先発に向いているか、中継ぎ・抑えに向いているか。この判断は12ページで説明した球種の多さやスピード以外に、回復力が関係している。

中継ぎ・抑えのピッチャーは1日に40球近く投げても、翌日には回復していなければ務まらない。筋力的にいえば、瞬発系に優れているピッチャーに多いタイプといえる。簡単にいえば、足が速かったり、たぐいまれなジャンプ力を持っている。代表例がやはり浅尾投手だ。短い時間の中で一瞬に力を集中して、爆発させることができるから、あのストレートを投げられる。

一方で、爆発力があるということはそれだけ体にかかる負担も大きい。

関節や筋肉の強さがあるうちはいいが、やがて、体にその影響が出てくる。何年も続けて同じパフォーマンスを出すのは本当に難しいことともいえる。

工藤のミカタ

瞬発系に優れていれば抑え向きだが、体にかかる負担も大きい
何年も続けて同じパフォーマンスを出すのは難しい

CHECKPOINT ❷
分業制による考え方の違い

先発は筋持久力に優れているピッチャーが多い。長いイニングを投げても、スピードが落ちずに投げつづけることができる。ただ、中継ぎ・抑えよりは肩の回復が遅い。

2012年、チーム事情で抑えにまわった涌井秀章投手（現埼玉西武ライオンズ）はおそらく、瞬発力と筋持久力の両面に長けているピッチャー。昔は僕もそうだったけど、なべちゃん（渡辺久信氏・現埼玉西武ライオンズ監督）や郭泰源氏（現福岡ソフトバンクホークス一軍投手コーチ）は、抑えで投げたあとに中1日で、先発で投げることを当たり前のようにしていた。瞬発力も筋持久力も兼ね揃えたピッチャーが多かったのだろう。

今は分業制になっているので、先発か中継ぎ・抑えのどちらかとして育てられることが多い。僕の時代は「先発が打たれたら負け」という考え方が一般的で、今とは根本的に違うのだ。

工藤のミカタ

先発は筋持久力に優れているピッチャーが多いが、リリーフ陣に比べると肩の回復が遅い傾向にある

第2章
観戦時における捕手3の視点

1 「キャッチング」の見方

CHECKPOINT ❶ キャッチャーの座り方

テレビ中継の場合、ピッチャーの後方からのカメラアングルがメインとなる。キャッチャーの動きがよく分かるはずだ。そこで、まず構え方を見てほしい。どこに座って、どんなふうに構えているか。その動きから、だいたいの球種を予想することができる。

最も分かりやすい例をあげると、真ん中で低くベタッと構えているときはフォーク系の落ちるボールが多い。キャッチャーによっては、ミットを下に動かして、「低く投げろ」と伝えていることもある。フォークをインコース、アウトコースに投げ分けるピッチャーはほとんどいないからだ。

ほかにも右ピッチャー対右バッターの場合、キャッチャーがインコースに寄ったらストレート、ツーシーム、シュートのいずれかだ。例外的なのは阿部捕手で、澤村投手ら右ピッチャーに対して、右バッターのインコースにスライダーを要求するケースがある。いわゆる「インスラ」と呼ばれるボールだ。バッターが頭の中にないボールだけに、手を出しづらい。インスラを投げるピッチャーは少ないためだ。

このように、ピッチャーの持ち球が分かっていれば、「インコースに構えたからシュートかな？」など、キャッチャーの動きに応じて次の球種を予想できる。テレビ観戦ならではの楽しみ方ではないだろうか。

中には「バッターにばれないの？」と思う方もいるはずだ。もちろん、キャッチャーが早く寄りすぎると、気配で何となく分かるものだ。このあたりをうまく使っていたのが古田敦也氏（元東京ヤクルトスワローズ監督）だろう。足を大きく開いて構えて、早めにインコースに寄ったあとにピッチャーのモーションに合わせて外に構え直す。股関節の柔らかさがあってこそできるワザといえる。

キャッチャーの構え方で球種が分かる

フォークなどのタテの変化球を受ける

ボールが落ちるため、キャッチャーもやや低く構える。ランナーがいるときは、ボールを後ろに反らす危険性もあるため、体全体を壁にして捕球しようとする意識が強い。

インコースなど、コースでボールを受ける

右バッターが相手で、キャッチャーがインコースに寄った場合は、内角をえぐって、詰まらせたいという意識がある。キャッチャーが要求するボールは、シュートやカットボール、ストレートなどの傾向が強い。

工藤のミカタ

座り方ひとつで ピッチャーの投げる球種をある程度、予想できる

CHECKPOINT ❷ キャッチャーミットの動き

「ミットを動かさずに捕る」という言葉を聞いたことがあると思う。これは実際にボールを受けるときはもちろん、ミットを構えるときにも通じる言葉なのだ。

ピッチャーにサインを出し終えたあと、キャッチャーが「ここに投げてこい」とミットを構える。ところが、ピッチャーがモーションに入り始めると、ミットを落として「的」を消してしまうキャッチャーが多い。

キャッチャーからすれば、これでリズムをとっているのだが、ピッチャー視点から言わせてもらうと的が消えるので、投げたいコースに投げづらくなる。

僕はキャッチャーに「ミットは出したまま動かすな！」とよく言っていた。

これは練習すればできるようになる。キャッチングがうまいかどうかの判断基準として、ミットを出したまま捕球できるか。ここをチェックしてみるといいだろう。

プロ野球でも、この技術を習得できているキャッチャーは意外に少ない。

工藤のミカタ

「ミットを動かさない」が基本！
ピッチャーに「的」を見せているか

CHECKPOINT ❸

カーブのキャッチングの仕方

キャッチングがうまいかどうかを見極める別の方法もある。

カーブの捕り方を見てみよう。低めのカーブに対して、下から上に突き上げるようにして捕れているか。下手なキャッチャーはカーブの軌道に合わせてしまい、ミットが下がってしまう傾向にある。低めのカーブをどう捕っているか、確認してほしい。

基本的に、捕るときにミットを動かしてはいけない。ボール球をストライクに見せることを、球審は嫌うからだ。それでも、うまいキャッチャーはストライクに見えるように捕っている。この点でも抜群に秀でていたのが古田氏だ。

僕のこれまで見てきたキャッチャーの中で、古田氏ほどキャッチングのうまい選手はいなかった。

例えば低めのボールに対して、下手なキャッチャーは「捕ってから、ミットを上げる」が、古田氏は「ミットを上げながら捕る」。同様に外のボールに対しても、外から中に動かしながら捕る。この違いは大きい。一連の動きで行うために、とても自然に見える。

結果、「ストライク！」とコールされる可能性が高まるわけだ。

工藤のミカタ
捕ってから動かすのではなく、動かしながら捕れているか

ヤクルトの中心選手として活躍した古田敦也氏。
巧みなリードはもちろん、キャッチングなどの技術も抜群に高かった。

2 「配球」を知るためのポイント

CHECKPOINT ❶ バッターのタイプを把握する

バッターにはさまざまなタイプがいる。

高めが得意、低めが得意、アウトコースが得意、インコースが得意。左右の攻めには強いけど、高低は苦手。ストレートには強いけど、緩急で攻められると弱い。

すべてのコース、すべての攻めに強いバッターはいない。どのバッターでも、何かしらの傾向がある。この傾向をつかんで、打ち取るためのサインを送るのが「配球」である。

分かりやすく言えば、緩急（前後）・左右・高低の三次元を駆使して、バッターを抑えていくわけだ。

得意な球種・コース以外に、バッターには「待ち方」にも特徴が表れる。

例をひとつあげてみよう。初球のスライダーを見逃すと、たいていのキャッチャーは「ストレート待ちかな?」と判断する。そこで2球目にスライダーを投げると、狙い打ちをしてくるタイプ。これは「追いかけるタイプ」という。1球前の球種を待っているわけだ。

ほかに「ヤマ張りタイプ」もいる。

このタイプは2種類あり、球種で張るバッター、コースで張るバッターに分かれる。

過去の打席やデータから、キャッチャーはどこが得意で、どんなタイプかを頭に入れておかなければいけない。

「キャッチャーは経験が大事」ともいわれるが、その言葉の理由はこんなところにもあるのだ。

工藤のミカタ

すべてのコース、すべての攻めに強いバッターはいない

CHECKPOINT ❷ バッターの苦手なコースを見極める

バッターには誰しも苦手なコースや球種がある。

多くのバッターが苦手にしているのがフォークなど縦に落ちる変化球だ。なぜなのか。理由は簡単、人間の目が横についているからだ。したがって横の変化には対応できるが、縦の変化には対応しづらい構造になっている。

縦の変化は首を上下させれば、ボールについていくことができる。だが、バッティングにおいて、首が動いてしまうとスイングが崩れてしまう。縦変化のボールに、首を動かさずに黒目だけで追うのは難しい。

コースでいえば、インコースが得意なバッターはアウトコースを苦手にしている。

バットの軌道がそもそも違うからだ。インコースは体の近くを振らなければ打てない。得意なコースは意識をしなくても自然にバットを強く振れるが、苦手なコースは自分の形を意識的に変えなければ強く振れない。だからこそ、バッテリーは苦手なコースを攻めることに意味がある。

どこが得意なコースかは、ネクストバッターズサークルでの素振りを見ていると分かりやすい。何も考えずに、自然に素振りをしているときに注目してほしい。

バット軌道がインコースであれば、内側が好きなバッターと推測できる。

工藤のミカタ

ネクストバッターズサークルの素振りから、苦手なコースを予測

CHECKPOINT ❸
初球の入り方

配球でもっとも難しいといわれるのが初球の入り方だ。

その理由は、バッターがまだ一度もスイングをしていないので、狙い球が見えてこないため

バッテリーの配球とは

バッターの苦手なコースを攻める

インコースが得意なバッターは、逆にアウトコースが苦手な傾向が強い。またフォークなど縦に落ちる変化球の見極めがうまいかどうかも配球を考えるうえで重要なポイントになってくる。

どんなタイプのバッターか

初球からガンガンボールを振ってくるタイプか、球種もしくはコースにヤマを張るタイプか。キャッチャーはバッターの素振りや、目線、バッターボックスの立ち位置などから総合的にバッターの狙い球を予想し、その裏をかく配球を考えなければならない。

だ。

最初にバッテリーは、過去の対戦データを参考にする。このバッターは初球から積極的に振ってくるタイプなのか、それとも見てくるのか。振ってくるとしたら、コースを張っているのか、球種で張っているのか。初球のサインを決めるまでの間にさまざまな考えをめぐらせる。

データを頭に入れたうえで、バッターの狙いを探る。つまりはバッターの反応を見るのだ。基本的にボールから入る。いわゆる「見せ球」と表現されるボールだ。たとえば、インコースのボール球を投げたときに、バッターがどういう反応を示すか。振りにきたら、「インコースを狙っていたのかな?」と予測がつく。そのコースにまったく反応を示さなければ、逆に「アウトコース狙いかな?」という推論が立つ。

少し難しい話にはなるが、みなさんには「初球の入り方」に注目して見てほしい。ボール球をバッテリーがどのような意図で使っているのか。何でもかんでもストライクで攻めるのがベストではない。これが分かってくると、より野球の観戦が面白くなる。

工藤のミカタ
見せ球から、バッターの狙いを探る！

CHECKPOINT ❹
ランナーの有無やアウトカウントの状況

バッターはランナーの状況によっても狙い球が変わる。当然、バッテリーの攻め方も変わってくる。

たとえば、ランナー二塁で右バッターがライト方向に打ちたい場面を考えてみよう。どこに投げれば、右打ちがしづらいだろうか？

実はほとんどのバッテリーが「インコースのストレート」だと考えている。若いキャッチャーほどこの考え方が多いが、これは大きな勘違いだ。ストレートを投げるのなら、アウトコースに投げるべき。そうすれば、ファウルになってストライクを稼ぐことができる。

なぜかといえば、ライト方向に打とうとしている右バッターは手元まで引きつけて打とうとする意識が強いため、外のストレートには振り遅れやすいからだ。センター返しを狙っていれば、また意味合いは変わってくる。つまり、「どこを狙っているか」を読み取る力が必要になってくる。

インコースは左足を開いて打てるので、引っ張ることも逆方向にも対応できる。このさばきがうまかったのが、西武の黄金時代を支えた辻発彦氏だった。ライト方向に狙っていると見せかけて、インコースのストレートを思い切り引っ張ってレフト前に弾き返す。バッターも、バッテリーの心理を読んでいる。

工藤のミカタ

ランナー二塁で右バッターがライト方向に打ちたい場面で、投げるコースは……インコースではなく、アウトコース！

CHECKPOINT 5
打たれたバッターに対する、次打席の初球

正直、配球のうまさをファンが実感するのはなかなか難しい。やはり、実際にプロ野球界で戦ってきた選手にしか分からない駆け引きが多いからだ。

とはいうものの、ひとつだけ、分かりやすい場面はある。

ヒットを打たれた次の打席でのバッターへの攻め方だ。

たとえば、第一打席でアウトコースのスライダーをホームランされたとしよう。バッター心理からすれば、第二打席の初球の球種を、たいてい「外のスライダーを打ったから、次は他の球種から入ってくるだろうな」と予測するものだ。そこであえて、第二打席目もアウトコースのスライダーから入る。バッターの予想していた球種ではなかったために、タイミングが合わずに見逃すことが多い。これでひとつ目のストライクを取れれば、同じボールで攻められると思っていなかったバッターは、予測が外れたために心理的にも後手に回り、結局打ち取られる――。

バットとボールが当てる角度とタイミング

バットとボールの角度が90度

引っ張り、流し打ち、センター返しと自分の意のままに打ち分けるには相当の技術を要する。基本的に流し打ちの場合は、ボールを手元まで引きつけるのが基本だ。どのコースでもバットとボールの角度を90度にすると、理想のバッティングに近づく。

プロ野球の世界は、相手の読みの裏をいかに取れるかが常に重要なのだ。

実際の試合でも、ぜひ第一打席でヒットを打ったバッターに対する二打席目の入り方をチェックしてほしい。もし同じ球を要求したら……そして若いキャッチャーだったとしたら……僕なら「お、なかなか見どころがある奴だな」という評価をする。

ただ、ストレートを打たれた次の打席にまたストレートを要求するのは勇気がいる。

そこでキャッチャーが要求したくなるのが、ストレートに近いスピードで変化するカットボールやツーシーム、フォークボールになる。「同じような球がきた」と思うとバッターは振りにいきたくなるものだ。そこで振ってくれたらもうけもの。

ストレートを打たれたあとに小さい変化球を使っていたら、こういったキャッチャー心理を知ることできる。

工藤のミカタ

第一打席で打たれたバッターに対して二打席目の入り方にプロ野球の醍醐味がある

3 キャッチャーの「配球」の考え方

CHECKPOINT ❶ 先を見据えたうえでの〝意識づけ〟

配球に対する考え方も、ピッチャーとキャッチャーではまるで違う。

ピッチャーが登板した試合だけを考えていることに対して、キャッチャーは1カード（三連戦）全体を考えている。ベテランになるほど、さらにその先まで見据えて配球を組み立てる。

その組み立てがうまいのが谷繁捕手だ。

おそらく1カードというよりも1シーズン、どう戦っていくかまで先を頭に入れているのだろう。彼は特にインコースの見せ方がうまい。中日のピッチャーも、谷繁捕手には信頼を置いているので腕を振ってインコースを攻めてくる。

どのバッターにも言えることだが、どこかでインコースに強い球を投げておかなければ、バッターに踏み込まれてしまう。もしそれが試合の勝敗を左右する大事な局面だったとしたら……悔いが残る。

このインコースは打たれていいときもある。

たとえば、点差が開いていてランナーなしで巨人の阿部捕手を迎えたとする。マウンドにはストレートに力のあるピッチャーがいたとしよう。阿部捕手はインコースに強く、一発がある。それでもインコースを攻めているようなときは、「意識づけさせたいんだな」と感じることができる。そのあとの対戦で、阿部捕手が「あのときはインコースにきたから、この場面でもあるかな」と少しでも思ってくれたらバッテリーに勝機が生まれる。そうすることで、アウトコースの攻めが生きてくるわけだ。

工藤のミカタ
ピッチャーは登板試合、キャッチャーは1カードを見据える
先の先まで考えているのがキャッチャー

CHECKPOINT ❷ キャッチャーの視線

バッターが何を狙っているかを推測するのは、キャッチャーの仕事だ。ピッチャーは「何かありそうだな」という雰囲気を察することはできるが、細かい動きに関してはキャッチャーのほうがよく見える。

分かりやすい例をあげれば、右バッターの右足の動きはピッチャーからは見えない。つま先が開いているか、フラットか、内側に締めているのか。一般的には内側に締めているときは、インコースを狙っていることが多い。ほんのわずかな違いではあるが、キャッチャーはここを見落としてはいけない。

後ろヒジの動きもチェックポイントになる。テイクバックで背中のほうにまで後ろヒジを引くバッターは、速い球に遅れる傾向がある。バットの出が遅れるからだ。ここもピッチャーからは見えづらいところだ。

テレビ中継を見るときは、キャッチャーの視線に注目してみよう。1球投げ終わるごとに、バッターの足先から頭までをくまなくチェックしているはずだ。

工藤のミカタ
右バッターの右足の動き、後ろヒジの動きひとつから、狙い球やバッターの特徴をつかむ

CHECKPOINT ❸
試合ごとに、ピッチャーの一番いい球種・コースを把握

ピッチャーには「こう投げたらここにいく」という基本のラインがある。それを試合の早い段階で見つけておきたい。困ったときにそこに投げればいいと、一種の安心感のようなものが出てくるのだ。

キャッチャーの仕事も、このラインを早く探す点にある。たとえば、その日の先発ピッチャーがアウトコースのスライダーがよくコントロールされているなと思えば、そこにライ

ンを作っていく。

ただ、若いキャッチャーは「アウトコースにスライダーを投げて、次はインハイで、今度はフォークで…」と考えがち。ラインができる前に、1球1球違うコースに投げるので、ピッチャーは混乱してしまう。

ブルペンでのピッチング練習を見たことがあるだろうか？　どのピッチャーも同じコースに同じ球種を何球も連続で投げている。それができてから、バッターをイメージして、さまざまなコースに球種を投げていく。練習のときから、ラインを作ることを優先しているのだ。

見ていて、なかなか分かりづらいかもしれないが、こういう視点でキャッチャーの配球を見ていくのも面白い。ここでもうまくピッチャーを引っ張っているのが谷繁捕手だ。「アウトコースは必ず投げられるピッチャーだな」と思ったら、大事な場面までそれをとっておくことがある。いざというときに、そのアウトコースを勝負球にもってくるのだ。それは試合序盤に、「アウトコースは大丈夫」という確信を得ているからこその配球といえる。

工藤のミカタ

基本のラインを作ろうとしているか、
そこでキャッチャーが意図的な配球をしているかが分かる

第3章

観戦時における野手5の視点

1 ファーストのココを見ると、観戦がより楽しくなる

CHECKPOINT ❶ 一・二塁間に飛んできた打球処理

ファーストでもっとも難しいのは、一・二塁間のゴロに対する判断だ。自分で捕りにいくのか、それともセカンドに任せるのか。ファーストが出過ぎてしまったがために、ピッチャーの一塁ベースカバーが遅れて内野安打になるケースがある。ピッチャーにとって打ち取った当たりが内野安打になると、少なからず落胆はする。頭を切り替えようと意識するあまり、逆に調子が狂って傷口が広がり、このプレーがきっかけで、試合の勝敗を決することだってある。

こういった事態を防ぐためにはたえず、セカンドの守備位置を確認しておく必要がある。セカンドが一・二塁間寄りに守っていれば、そこに飛んだ打球に対して「セカンドが捕れる」という判断ができる。逆にセカンドが二塁ベース寄りにいれば、ファーストが一・二塁間のゴ

ロを捕りにいかなくてはならない。

セカンドの位置に、常に気を配っているだろうか。試合中、みなさんには、ぜひファーストの目線の先を見てほしい。

工藤のミカタ

一・二塁間のゴロの判断からファーストの守備力の優劣が分かる
セカンドの守備位置をたえず確認しているか

CHECKPOINT ❷

投内連携の技術

投内連携も、ファーストの守備力を見るひとつの要素となる。理想のタイミングは、ピッチャーが一塁ベースを踏むと同時にトスを受けることだ。踏む・捕るが同時になるのが、一番速い。だから、ピッチャーはベースを見なくてもボールを捕れるように繰り返して練習をしていく。
ピッチャーの利き腕によっても、投げる（トス）位置が変わってくる。イメージしてみてほしい。右利きはグラブを左手にはめているので、体の近くでも対応できる。一方、左利きは右手にグラブをはめているため、体の前側にボールがほしい。体の近くに投げられると、走っていく方向と逆の動きになるうえにグラブを出しづらいからだ。体の向きによっては、一塁に駆け込むバッターと交錯する危険性もある。ファーストがここまで考えて投げているか、トスを上げているかに注目してほしい。

工藤のミカタ

ピッチャーに対して思いやりのあるトスをしているか
左右の利き腕によって投げる位置が違う

左ピッチャーが1塁ベースカバーに入る際のトスに注目

体の近くではなく、手前で受け取れるようにトス

このように、左ピッチャーの場合は、一塁のベースカバーに入る際、体の前にボールをトスしてもらえると、捕球しやすい。 体の近くになると、ランナーと交錯したり、ベースカバーへ走っている方向と捕球方向が反対になり、ボールをはじく危険性もある。

CHECKPOINT ❸
ファーストのスローイング技術

一塁ベースまでトスで届く距離ならいいが距離が広がると、ファーストはスナップスローで投げなければならない。優しく投げるのが苦手な選手はこれができない。思い切り投げることはできても、相手にあわせて投げられない例は結構ある。ファーストが外国人だと、ベースカバーに入るピッチャーへの送球がそれて……といったケースはよく目にすると思う。

ゴロを捕って二塁ベースに投げるときも比較的距離が近いために、上から思い切り投げるわけにはいかない。ここでも、やや横から投げるイメージでスナップスローが必要になる。

二塁に投げることを考えると、左投げのほうが投げやすい。捕球後、右投げは体を90度回転させなければいけないからだ。この分、スローイングまでのスピードも遅くなる。左投げは捕った流れのままステップを踏んで、二塁に投げることができる。内野で唯一、左利きがファーストを守っているのにはこんな理由もある。

工藤のミカタ
スナップスローができているか

CHECKPOINT ❹
ファーストがピッチャーに声をかけるタイミング

試合中に、昔でいえば落合博満氏（元中日ドラゴンズ監督）、今なら小久保裕紀氏（元福岡ソフトバンクホークス）や稲葉篤紀選手（現北海道日本ハムファイターズ）ら経験豊富なベテランが、ピッチャーに声をかけるシーンを見かけると思う。ひとりでマウンドに歩み寄り、一言二言、声をかける。一体何を話しているのか、みなさんも知りたいところではないだろうか。

実は特に若いピッチャーほど、あの声で勇気づけられる。

マウンドにいくときは、ピッチャーが弱気になって腕が振れていないケースが多い。主に「結果は気にせずにいけ！」『弱点はここなんだから、そこに投げて打たれたら仕方ないだろう。どんどんいけよ」といった声かけだ。

弱気になる理由は、投げたあとの結果を気にしてしまうから。まだ結果が出ていないのに、「打たれたらどうしよう」と焦りだけが募ってしまう。まずは投げることに集中する。それがピッチャーの鉄則だ。

もちろん、声をかけるのはほかの野手でもいい。ヤクルトであれば、サードを守る宮本慎也選手になるだろう。ピッチャーが崩れそうな状況で、誰が声をかけにいっているか。そこを見れば、チーム内における守備のリーダーも見えてくる。

工藤のミカタ

ベテランだからこその仕事がある
声かけを見れば内野のリーダーが分かる

状況によって変わるファーストのポジショニング

CHECKPOINT 5 試合終盤の守備位置

ファーストの守備位置にも注目してほしい。鉄則は「接戦で迎えた7回以降はライン際を締める」ということだ。ライン際を抜けると二塁打になり、失点のピンチが広がってしまう。どんなことがあっても、ライン際を抜かれてはいけない。

基本的に守備位置の指示は、ベンチにいる守備・走塁コーチから出ることが多い。しかしコーチが外野手の守備位置への指示に気をとられ、ファーストへの指示を出し忘れるケースもある。そのときに、自ら守備位置を変えられるか。テレビではなかなか分からないかもしれないが、球場で見る機会があるときは、試合中盤までのポジショニングと終盤以降のポジショニングの違いを確認してみてほしい。

工藤のミカタ
7回以降の守備位置に注目 ライン際を締めるのが鉄則

CHECKPOINT ❻
どのシーンで、一塁ベースから離れているか

そもそも、なぜファーストはランナーが出ると、ベースに足をつけるのか。ピッチャーからのけん制に対応するためだ。ベースについていればランナーもけん制球を警戒し、リードが小さくなる。それが盗塁阻止にもつながる。

だが、一塁にランナーがいても、ファーストがベースを離れるときがある。

それは2アウト・カウント3－2の場面。ランナーが自動的にスタートするからだ。この状況で、もしランナーにスタートを切られても、バッターがアウトならチェンジ、ボールならフォアボールで盗塁は成り立たない。

終盤の一塁手の守備位置（走者なし）に注目

序盤から中盤にかけて

バッターの傾向によっては、若干の変動はあるものの、基本的には定位置での守備となる。

7回以降（終盤）

定位置よりもやや左に寄って、ライン際を締めている。勝負を決する終盤だからこそ、長打を防ぐための鉄則である。三塁も同様だ。

また、一塁ベースにつけば一・二塁間が広くなり、ヒットになりやすくなる。そこで盗塁が成り立たない状況では、一塁ランナーのケアよりも、ヒットゾーンを狭めることを考える。ランナーと打球処理のどちらを優先するかという話である。

工藤のミカタ
カウント3－2の場面で、ファーストは動く！

2 セカンドのココを見ると、観戦がより楽しくなる

CHECKPOINT ❶ ボテボテのゴロに対する処理

セカンドの見せ場は、自分の前に転がってきた打球の処理だ。特に打球の勢いが死んだ、ボ

テボテのゴロに対してすばやく前進し、無駄のないランニングスローでファーストへ放る。ダッシュ力、フットワーク、グラブさばき、スローイング、すべてがうまくいってこそ、アウトを取ることができる。

現役のプロでいえば、本多雄一選手（現福岡ソフトバンクホークス）や井端弘和選手（現中日ドラゴンズ）が抜群にうまい。セカンドに打球が飛んだ際、彼らの動きを注視してほしい。

工藤のミカタ

前の打球に対する守備こそ、最大の見せ場!!

CHECKPOINT ❷

ポジショニングで分かる肩の強さ

セカンドは一塁ベースまでの距離が近いために、ショートに比べて肩の強い選手は少ない。

選手自身が肩に自信があるかどうかは、ポジショニングを見ていると分かってくる。

基本的に、肩に自信がない選手は二塁ベース寄り、自信がある選手は一・二塁間寄りに守る傾向がある。というのも、セカンドにとって二塁ベース寄りのゴロを逆シングルで捕って、一塁でアウトにするには肩の強さが必要だからだ。肩に自信がない場合はあらかじめ二塁ベース寄りに守って、体の正面で捕れるようにしている。逆シングルで捕ったときよりも、ファーストに強い送球を投げることができる。

もちろん、ランナーやバッターの状況によって変わってくる。ランナー一塁で右打ちがうまいバッターが打席にいたら、一・二塁間を締めるのが鉄則だ。

ピッチャー心理からすると、二遊間に飛んだ打球がヒットになるのはあきらめがつく。誰も守っていないところだからだ。しかし、一・二塁間なら一塁ベースと近いために、捕れば何とかなる。一・二塁間をしっかりアウトにしてほしいというのもまた、ピッチャー心理である。

肩が強い、弱いはカットマン(135ページ本文参照)が誰かでも判断できる。

例えば右中間を破る長打コースのときに、外野からの返球をつなぐのがセカンドなのかショートなのかを見てほしい。一般的に考えれば、カットマンに入りやすいのは右中間に近いセカンドだ。だが、ショートに肩の強い選手がいる場合はショートが入ることがある。ショートがボールを捕ったほうが投げる距離が長くなるバックサード、バックホームで刺せる可能性が生まれてくる。

工藤のミカタ

**肩が弱い選手は二塁ベース寄り
カットマンに入るのはショートかセカンドか?**

CHECKPOINT ❸

ランナー一塁での二遊間の守備位置

ランナー一塁のときのセカンドの位置に注目してほしい。セオリーではダブルプレーを考えて、二塁ベースに入れる距離にいるが、こんな考えもある。ピッチャーにとって一番イヤな

二塁手の肩の強さはこんな状況で分かる

守備位置は二塁寄り? 一塁寄り?

あくまでも傾向としてだが、肩の強い選手は、センターに抜けそうな当たりでも逆シングルからのスローで強いボールを投げることができる。肩に自信のない選手は、比較的二塁寄りに守り、体の正面で捕ることを意識している。

中継プレーのカットマン

例えば図のように一塁にランナーがいて、右中間を破る打球の場合、センター(もしくはライト)の返球を中継するのは基本はセカンドの役割である。しかしチームによっては、このカットマンをショートが務めるケースもある。ショートは基本的に肩の強い選手が守る傾向にある。どちらがカットマンになるかでもおおよその肩の強さ予測がつく。

のは打球が一・二塁間を抜けて、一・三塁になることだ。さきほども言ったように一・二塁間のゴロは捕れば何とかなる。ポジショニングでヒットを防げるのが一・二塁間ともいえるのだ。

一・三塁を防ぐために、セカンドが一・二塁間を締める守り方もある。ショートに強いゴロが飛んだ場合は二塁へのベースカバーに間に合わないときがあるが、それは仕方のないこと。ゲッツーよりも、一・二塁間を締める。チーム全体でこの約束事を共有していれば問題はない。

では、ショートが三遊間を締めて、セカンドが二塁ベース寄りを守ることはないのだろうか。このケースはあまりない。というのも、たとえ三遊間を抜かれてレフト前ヒットになったとしても、一塁ランナーが三塁までいくのは難しいからだ。ライト前ヒットなら一・三塁はあり得るが、レフト前ヒットは一・二塁で止まる可能性が高い。ヒットの方向によって、状況は大きく変わる。

工藤のミカタ
ゲッツーか打球優先か。考え方はひとつだけではない

ダブルプレーの守備隊形

一、二塁を締めるケースもある

ランナーが出た場合、守備側はゲッツー態勢に入る。基本的には、ショートもセカンドも二塁ベース寄りに守る。しかし、一、三塁を防ぐという意味で、セカンドが一、二塁間を締める目的で、一塁寄りに守る場合もある。この場合はショートが二塁に入る。チームの約束事して共有されていれば問題ない。

オーソドックスな考え方

ショート、セカンドが二塁ベースに寄っている通常の隊形。ご覧の通り、一、二塁間が大きく空いている。無死(一死)一塁のケースで、初球から送りバントであれば何も怖くはないが、気をつけるべき点は、ヒットエンドランなどで右打ちされ、一、三塁の大ピンチになるケースもある。とりわけ右打ちのうまい選手に、このような状況で打席が回ってきたら、やはり策を講ずる必要がある。

3 サードのココを見ると、観戦がより楽しくなる

CHECKPOINT ❶ 打球速度にあわせたさばき

サードは、速い打球と遅い打球の両方をさばかなければいけない。これはファーストにも通じることだが、サードの場合は捕ったあとにスローイングがあるだけに余計に難しい。

バッターからの距離が一番近いのはピッチャーで、その次がサードとファーストだ。ショートからサードにコンバート（守備位置の変更）された選手が、「速い打球が怖い」と話すことすらある。速い打球には一瞬の反応が求められる。低く速い打球に怖さを感じ、体が浮いてしまったらグラブを上から下に使う形になり、ゴロに対応できない。

遅い打球には、前へのダッシュ力が必要だが、ただやみくもに突っ込めばいいわけではない。ファーストに投げることを考えて、ボールの右側から少し膨らむようにして入る。たと

えるのなら、バナナの形のように緩やかなカーブを描くイメージだ。このあたりがうまいのが、宮本選手だ。本職はショートだが、そのあたりの不安を見事に感じさせない動きをしている。

工藤のミカタ
速い打球と遅い打球のさばきこそ、サードの見せ場
すばやい反応とダッシュ力を備えているか

CHECKPOINT ❷
試合終盤で変わるポジショニング

この考えはファーストと同じである（109ページ参照）。接戦で迎えた7回以降の守りでは、必ず三塁線を締める。三塁線の打球をいかにさばくかもサードの見せ所となる。逆シングルで捕って、一塁へ大遠投でアウトにする。グラブさばきと肩の強さが求められるプレーである。

かつて、広島のブラウン監督が三塁線を空けて、サードをショート寄りに守らせていたことがあった。これは考え方の違いもある。確率的には三遊間の当たりのほうが多いかもしれない。しかし、三塁線を抜けたら二塁打、三遊間は抜けてもシングルヒットで止まる。接戦の終盤に打者走者を一塁で止められるか、二塁にまで行かれてしまうかは大きな違いだ。セオリーとしては7回以降は三塁線を締める。西武の黄金期はチームとしてこれを徹底していた。

工藤のミカタ
ファースト同様に7回以降は三塁線を締める

三塁手はゴロを処理する際、内野の中でも最も遠い一塁に送球をするため、時間の余裕が少なく、確実な捕球能力や肩の強さと正確な送球能力が求められる。 右打者の痛烈な打球が三塁線に飛んでくることから、三塁は「ホットコーナー」とも呼ばれる。

CHECKPOINT ❸ 後方のフライへの対応

サードの斜め後方に飛んだファウルフライへの対応を見ても、サードの守備力が分かる。すぐに下がって、ボールから目を切って、落下地点に入れているかどうか。ボールの行方を追うようにして走っているサードは正直うまくない。さらに自信がない場合は、サードの後ろを、回り込むように追いかけているショートに任せてしまうこともある。後方のファウルフライが飛んだときは注目だ。

工藤のミカタ

ショートに任せず自分で捕る
後方のフライに目を切って追えるか

後方のファールフライは、サード、ショート、レフトの声掛けも重要になる。

CHECKPOINT ❹
ランナー二塁での守り方

ランナー二塁で送りバントが予想されるケースでの守り方が難しい。バントに対応するために早くダッシュしてしまうと、三塁ベースがガラ空きになる。うまい二塁ランナーはその隙を突いて、サードに走ってくる。

バントと盗塁の両方に対応するために、サードがどんな構えをしているかを見てほしい。二塁ランナーとバッターの動きが見えるように、斜めに構えていることが多い。体を斜めにすることで、ランナーとバッターのふたりが視界に入ってくるのだ。なかなか目立たないところだが、細かい工夫をしている。

工藤のミカタ
サードの構え方に注目せよ

4 ショートのココを見ると、観戦がより楽しくなる

CHECKPOINT ❶ 三遊間深い打球の処理

三遊間深いところを逆シングルで捕って、ノーステップで一塁へ投げる。これをアウトにできてこそ、一流のショートである。ジャンピングスローや、ワンバウンドだけで投げていてはホンモノのショートとはいえない。三遊間に飛んだときのプレーに注目してほしい。

今でも「うまいな」と感じるのは、松井稼頭央選手（現東北楽天ゴールデンイーグルス）だ。ベテランになっても、肩の強さは他のショートより秀でている。

日本プロ野球界復帰後も、安定した守備力を誇る松井稼頭央選手。

工藤のミカタ

一塁から一番遠い三遊間の深い当たりを一塁で刺す！ これぞ一流のショート

ポジショニングの妙

深く守っているほど肩が強くていい選手と思いがちだが、そうではない。打者走者の足が速ければ、三遊間の深い当たりはいくら肩が強くてもセーフになりやすい。また、どん詰まりのようなボテボテのゴロにも対応ができない。最近は深く守るショートが多いが必ずしもいい傾向とはいえないと僕は思う。

守備範囲に自信があるショートは前に守る。前の打球をケアしながらも、後ろの打球にも下がりながら対応する。これがホンモノのショートだ。前に守っていた代表例は、千葉ロッテで活躍した小坂誠氏（現東北楽天ゴールデンイーグルス二軍守備走塁コーチ）と、西武・日本ハムでプレーした奈良原浩氏（現埼玉西武ライオンズ一軍守備走塁コーチ）。あのふたりは本当にうまかった。残念ながら、今の現役選手を見渡しても、これ以上の選手はいないと思う。

工藤のミカタ
浅く守れる選手ほど一流のショート

CHECKPOINT ❷
メジャーリーグにおいて、日本人はなぜショートとして通用しないのか

プロ野球の本拠地の多くが人工芝であるのに対して、アメリカは土か天然芝が多い。人工芝は雨が降っていなければ、バウンドが不規則になる可能性が少ない。グラブを出しておけば、そこにボールがくる。

一方、土や天然芝の場合はイレギュラーしたり、ゴロが失速するために、前へのスピードとグラブさばきを鍛えなければアウトをとれない。アメリカで小さいときからこのグラウンド環境でプレーしていれば、自然に養われてくる。

日本でも甲子園球場が土のグラウンド、広島東洋カープの本拠地・ＭＡＺＤＡ Ｚｏｏｍ－Ｚｏｏｍスタジアムが天然芝である。２０１２年、広島はリーグ最多の１１３失策を記録したが、天然芝であることも少なからず影響しているだろう。土のグラウンド、天然芝のグラウンドでどれだけ守れるか。そこを見ておくと、メジャーでやれるかどうかのひとつの指標になるかもしれない。

肩の違いも大きい。ショートから一塁までピッチャーのような剛速球を投げている選手も珍しくない。肩は鍛え方によっては強くなるのに、「もともと持った素質の違い」と感じている選手が多い。そのあたりが理解されていないのが少し残念だ。

工藤のミカタ
天然芝や土の球場ではバウンドが不規則になりやすい
その環境でも対応できるための技術が必要

5 外野手のココを見ると、観戦がより楽しくなる

CHECKPOINT ❶ 守備位置は前か? 後ろか?

まず外野手三人のそれぞれのポジショニングを見てほしい。守備位置から基本的にその選手の守備に対する自信度が分かる。ざっくりと分けると、前に守る選手＝後ろの打球に自信がある、後ろに守る選手＝後ろの打球に自信がない、と捉えることができる。

脚力のある外野手は、前に守っていても後ろの打球に追いつけるだけの余裕と自信がある。そして前に守ることで詰まった当たりにも対応できるので、ポテンヒット（ふらふらっと上がった打球が野手の間に落ちるヒット）も防ぎやすい。ピッチャーとしては、前後両方の打球をアウトにしてくれるのはとてもありがたい。

はじめから深い守りをしている外野手は、「頭上だけは抜かれないようにしよう」という

考えを持っている。当然、深く守っていれば、内野と外野の距離が空くため、中間へのポテンヒットの可能性が高くなる。

工藤のミカタ

守備位置から、その選手の守備に対する自信度が分かる
前に守る選手＝後ろの打球に自信がある、
後ろに守る選手＝後ろの打球に自信がない

CHECKPOINT ❷
センターの守備位置

では、外野手三人の中でもっとも深く守るポジションはどこだろう？

バッターの特徴や外野手の能力によって、多少の変化は出てくるが、一般的にはセンターがもっとも深い。どの球場も見て分かるように、ホームベースからセンターのフェンスまでの距離が一番遠く、深く設計されている。その理由は、バットとボールが直角に当たったとき、センター方向への打球が、一番飛びやすいからと推測できる。したがって、センターはそれだけ深い位置に守る必要が出てくる。

深く守るセンターが、外野の司令塔となる。基本的にセンターの指示によって、レフト・ライトのポジショニングが決まっていく。センターが左中間に動けば、レフトはレフト線へずれる。ふたりで左中間を締める意味はほとんどないからだ。2012年の北海道日本ハムファイターズの外野陣は、レフトに中田選手、ライトに糸井選手、そしてセンターが陽選手だった。陽選手は俊足強肩で守備範囲が広いため、ほかのチームであれば外野の間を抜けそうな打球もことごとく処理をしていた。外野の間を抜けなければ、長打にはなりにくくなる。普通ならツーベースの当たりがシングルヒットに留まるだけでもピッチャーの心理は全く違うし、チームにとっても助かるプレーだ。

センターの守備力が高いチームは、簡単に失点を許さない堅守なチームであるともいえよう。

試合中もセンターを中心にジェスチャーを交えながら、打球方向を確認していることが多い。バッテリーとバッターに目が行きがちだが、外野にも視点を移してみよう。彼らがどのような打球予測をしているかを一緒に考えるのも、野球の楽しみ方ではないだろうか。

工藤のミカタ

外野の司令塔は間違いなく、センターである センターの守備力が高いチームは、長打を許す確率が下がる

CHECKPOINT ❸

中間のフライに対する判断力

左中間や右中間の当たりに対して外野手同士が衝突したり、譲り合ってボールがふたりの間に落ちるシーンを見たこともあるだろう。

バッテリーとしては打ち取った当たりともいえるだけに、ひとつのミス（エラー）が尾を引くケースになりやすい。チームとしての約束事が徹底されていれば、ああいうミスは間違いなく防げる。

「中間のフライはセンターが捕る」。これが鉄則だ。

なぜかといえば、先ほど紹介したように、センターが一番深い位置に守っているからだ。深く守っていれば打球に対して、後ろから前に動きながら捕ることができる。人間は、前から後ろにいくボールを追いかけるよりも、後ろから前に追いかけたほうが捕りやすい。歩いたり走ったり、日常動作のすべてが後ろから前への動きだからだ。前から後ろへ動くことには慣れていない。

ちなみにボールを投げることに対しても、後ろから前へ体を動かしたほうが勢いをつけて投げることができる。たとえば、1アウト三塁で、バッターが外野にフライを打った場合、外野手はボールの落下位置より後ろから前に出る形で捕球体勢に入る。これはその後ろからの勢いを使ったほうが強いスローイングができるからだ。

工藤のミカタ

中間のフライはセンターが捕る これが鉄則

センターの守備範囲と守備位置

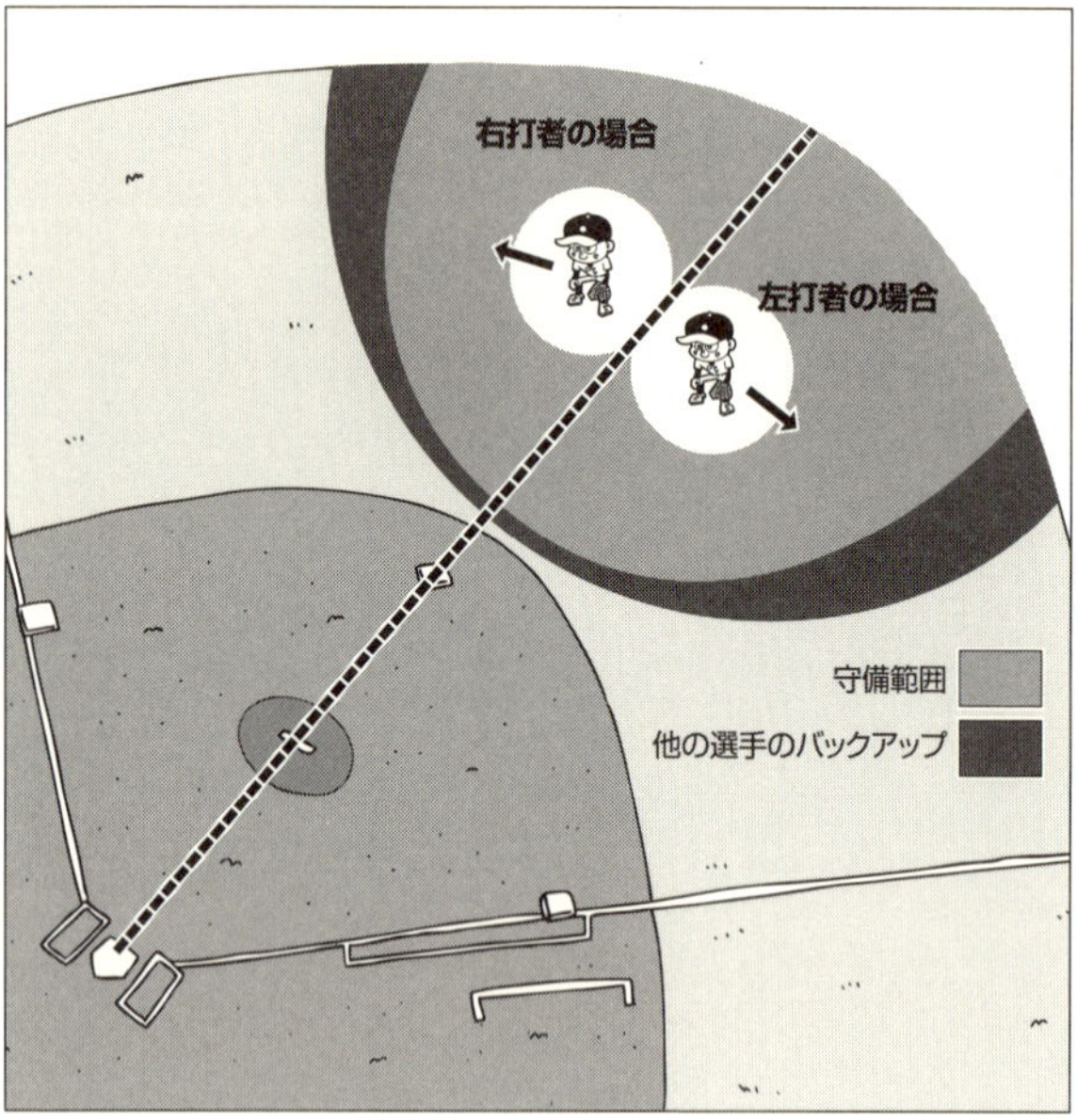

センターは、ホームベース、ピッチャーマウンドの延長線上からバッターによって左右いずれかに寄っている。また、この図のようにレフト、ライトの部分まで守備範囲が及ぶ。打球判断が微妙なフライは、センターがとるのが鉄則だ。

CHECKPOINT ❹
外野からのバックホーム

外野からのバックホームは、ワンバウンドスローが基本だ。また試合を見ていると分かると思うが、外野からホームへ返球する際、ショートやセカンドの選手にボールを投げ、その後ホームに送球する場合もある。このときのセカンドやショートをカットマンと呼んでいる。外野手はカットマンが捕れる高さに投げるが、ホームが完全にセーフのタイミングであれば、カットマンが送球を受けて、ほかのランナーの動きをケアする。これが理想のバックホームとなる。

ではホームに届きそうな場面で、なぜノーバウンドではいけないのだろうか?

これにはふたつの理由がある。ひとつはキャッチャー側の視点だ。キャッチャーは送球を見ると同時に、ホームに突っ込んでくるランナーの動きも感じなければならない。確実にワンバウンドで捕れると判断できれば、ランナーをブロックする準備ができる。

高い送球やワンバウンドするかどうかの微妙な送球だと、ボールを捕ることに意識を向けなくていけない。こういうときに、ランナーと衝突してケガをしてしまったりするのだ。キャッチャーをケガから防ぐためにも、外野手にはワンバウンドスローが求められる。

もうひとつは、ランナーの状況がある。たとえば1アウト一、三塁でライトフライ。ライトがカットマンの捕れる位置よりも高いところに投げた場合、一塁ランナーは隙を見て、二塁を陥れることができる。カットマンが捕れる高さであれば、一塁ランナーは走れないはずだ。2アウト二塁でプレーが始まるのか、2アウト一塁になるのか。大きな違いとなる。かりにランナー三塁で外野フライの状況であれば、外野手はカットマンを気にする必要はない。カットマンが捕れない送球をしても、ほかに進塁するランナーがいないからだ。

最近の傾向として内野手のように小さいモーションで投げる外野手が増えている。和田一浩選手（現中日ドラゴンズ）や長野久義選手（現読売ジャイアンツ）がその代表例で、昔でいえば一緒に西武で戦った平野謙氏もそうだった。捕ってから早く投げるために、各選手が工夫した結果といえる。

工藤のミカタ
バックホームはワンバウンドスローが基本

ポジションの役割

CHECKPOINT 5
ライトに強肩の選手がいるか?

三つのポジションの中で近年、重要視されているのがライトだ。かつてはセンターにうまい選手が多かったが、今はライトにも多くなってきた。イチロー選手(現ニューヨーク・ヤンキース)の活躍によって、周りの見方が変わったところもあるだろう。

ライトが重要視されるのはバックサード(三塁への送球)があるためだ。センターやレフトよりも、サードまでの距離が長い。ランナー一塁でのライト前ヒットは、一番の見せ場となる。サードで刺せるかどうかは、打球に対する前へのダッシュ力と送球のコントロールが求められる。

イチロー選手クラスのライトになると、一塁ランナーは二塁で止まる可能性が高い。三塁を狙っても、アウトになる可能性があるからだ。ライトにとって三塁で刺すこと以外に、ランナーを二塁で止めることも大きな仕事である。「抑止力」を働かせるためにも、肩が強く、送球のコントロールがいいライトを置きたい。日本の現役選手でいえば、守備範囲と肩ともに一級品なのが糸井選手だろう。

工藤のミカタ

バックサードが最大の見せ場
近年は肩が強く、送球のコントロールのいい選手がライトを守るケースが多い

CHECKPOINT ❻
センターの守備位置がレフト、ライトどちらにずれているか？

野球経験が少しでもある方なら基本中の基本であるが、レフトやライトが打球を処理する際、バックアップに走るのもセンターの仕事だ。イージーなレフトフライでも、必ずセンターが後ろに回り込む。センターがもっとも深く守っているため、バックアップに入りやすい利点がある。しっかりとバックアップができているかどうかを見てほしい。

もうひとつ、センターの注目は守る位置（134ページ参照）だ。イメージとしては球場のド真ん中、ホームベースと二塁ベースを結んだ延長線上に守っていると思われるが、そんなセンターはいない。ピッチャーの真後ろに守ることになり、バッターが打つ瞬間が見えないからだ。バットとボールが当たるインパクトが見えなければ当然、一歩目のスタートは遅れる。センターがどの位置に守っているか、確認してみてほしい。必ずピッチャーの真後ろから右か左のいずれかにずれている。

またセンターの守備位置から、バッターの傾向もつかめてくる。たとえば、左の強打者に対してランナーがいないときは右中間寄りに守っていても、接戦で2アウト二塁の場面では左中間に守っていることがある。これはバッターがランナーの状況によって、打ち方を変えてきているためだ。ランナーがいないときは長打狙いでも、どうしても1点が欲しいときはアウトコースを逆方向へ打ち返すことがある。同じバッターでも、その状況でポジショニングが変わることを知っておいてほしい。

工藤のミカタ

センターのずれ方で打者の傾向が分かる
レフト・ライトのバックアップは動きの基本

CHECKPOINT ❼

レフトがバックアップをできているか?

レフトは比較的、バッティング重視で起用されることが多い。それはバックサードに関し

レフトのバックアップ

レフトがバックアップをしなかった場合

もしピッチャーがキャッチャーのバックアップに入った場合、仮に三塁への送球がそれると、それをカバーできる人がいなくなり、さらに進塁を許す危険性が高い。

レフトがバックアップ

このケースに限らず、基本的にランナーがいる状況でライトへの打球が飛んだ場合、ライトからのバックサード(三塁への送球)がそれる可能性を考慮して、必ずサードのバックアップするのが鉄則だ。

て、ライトよりも距離が短いことが関係している。ランナー一塁でレフト前ヒットを打たれても、三塁に進まれるケースはあまりない。

レフトの仕事としては、バックサードのときのバックアップがある。たとえばランナー一塁で右中間を抜ける長打。ピッチャーはバックホームとバックサードの両方をケアするために、三塁側ベンチのほうへ下りてくる。送球とランナーの動きを見ながら、ホームの後ろにいくか、サードの後ろにいくかを判断するのだ。

このときレフトは必ず、サードの後ろへ走る。特に、ピッチャーがホームのバックアップに入った場合は、サードのバックアップがいなくなるからだ。もし、悪送球があった場合にバックアップが誰もいないと、打者走者までホームに入ってしまう。こういう無駄な1点が勝敗を分けることが多いのである。

工藤のミカタ

サードへのバックアップ次第で、その選手の守備に対する意識が分かる

第4章

観戦時における打者5の視点

1 バッターボックス内の打者を見て、分かること

CHECKPOINT ❶ 打席の立ち位置

一般的にホームベースの近くに立っているバッターはインコースが得意で、アウトコースが苦手。バッターは苦手なコースに対応するために、打ちやすい位置に立っているのだと考えよう。ベースに近づけば、苦手なアウトコースにバットが届きやすくなる。その逆もしかりだ。ホームベースから離れていると、インコースが苦手でアウトコースが得意といえよう。

打席の前と後ろ、その立ち位置の違いもきちんと理由がある。キャッチャー寄りに立つバッターは、速いストレートへの意識が強く、それをしっかりと打ち返したい。当然、ピッチャー寄りに立つより、キャッチャー寄りのほうが、ピッチャーとの距離を長く取れるため、速いストレートも見やすくなる。わずか数センチ、時間にすればコンマ何秒の世界だが、バッ

ターはこれだけでボールの見え方が変わってくる。

ピッチャー寄りに立つのは、変化球の曲りっぱなを打ちたい意識の表れだ。実際、変化球はもっと早い段階から曲がっているので、現実には「曲がりっぱなを打つ」のはあり得ないが、ピッチャー寄りに立ったほうが曲がり幅が緩いのは事実である。

シンプルに考えれば、キャッチャー寄りならストレートを打ちたい、ピッチャー寄りなら変化球に的をしぼっていると判断できる。そこまで簡単ではないが、ひとつの判断基準になる。

こういった立ち位置は、テレビ中継や球場でも確認できる。「ホームベース寄りに立っているから、インコースが得意なんだな。外にきたボールはどうさばくんだろう」と思えるようになると、バッテリーとバッターの対決が面白くなるだろう。

工藤のミカタ

ホームベース寄り？　キャッチャー寄り？
バッターの立ち位置には必ず意図がある

バッターボックスの立ち位置で得意なコースが分かる

ホームベースに近いバッター

基本的にインコースが得意で、アウトコースが苦手の傾向が強い。また大きく、キャッチャー寄りに構えていれば、ストレートに強いタイプ。ピッチャー寄りは変化球に的を絞るタイプに分けられる。

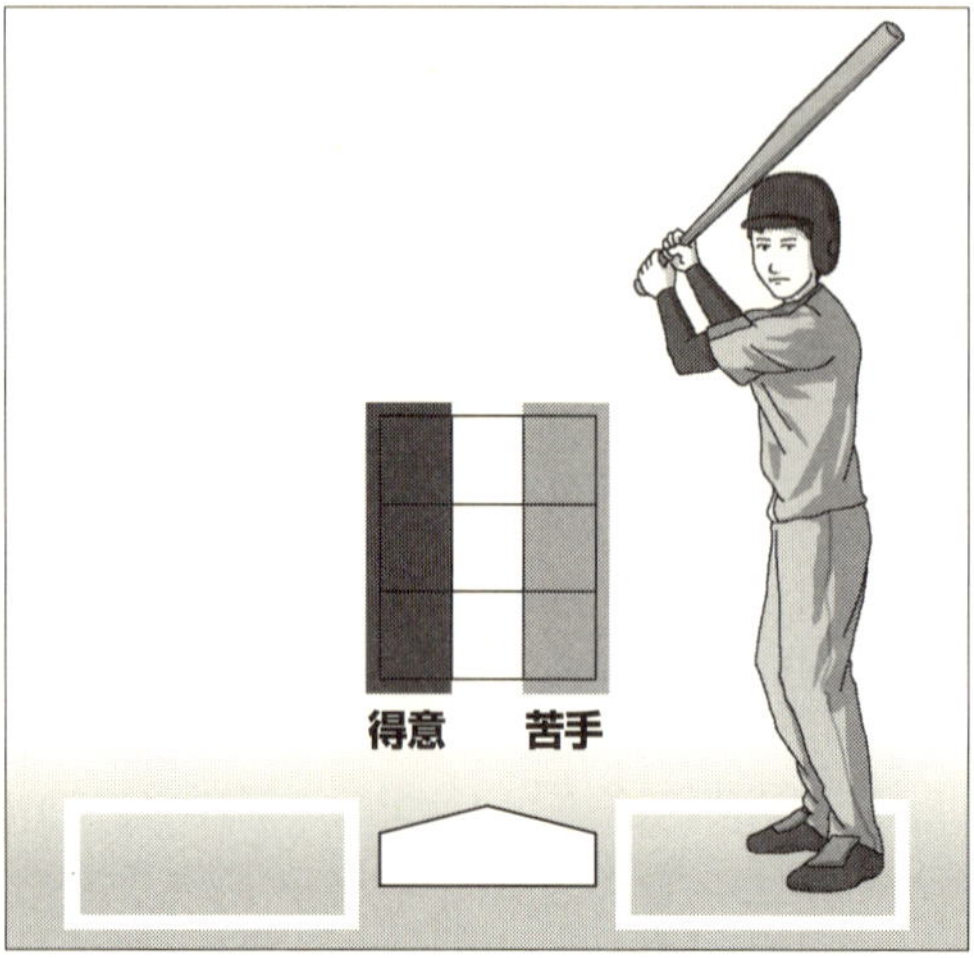

ホームベースから遠いバッター

基本的にアウトコースが得意で、インコースが苦手の傾向が強い。こちらも同様に、キャッチャー寄りに構えていれば、ストレートに強いタイプ。ピッチャー寄りは変化球に的を絞るタイプに分けられる。

CHECKPOINT ❷ バッターの打てるコース・打てないコース

いま、ホームベースからもっとも離れている日本人は長野選手といっていい。長野選手はアウトコースが得意で打てる自信があるから、あれだけ離れている。一方でインコースは苦手なのか、窮屈にならないように体に近いところの空間をあけている。

見ているファンとしては、「そうであれば、インコースに投げればいいのに」と思うかもしれないが、プロのピッチャーでも思ったところに連続して投げられるピッチャーは稀だ。いないといってもいい。心理的にも「インコースを待たれている気がする……」と思い、なかなか腕を振って投げ切れない。ピッチャー側からすれば空間が広いからといって、必ずしも投げやすいわけではないのだ。

ただ、長野選手の場合はあれだけベースから離れているので、アウトコースぎりぎりのストライクには手が出ない。もし、そこにきっちりコントロールできれば抑えることは可能だ。アウトローのストライクをあっさり見逃し三振したあと、潔くベンチに戻る姿が思い浮かぶ読者もいるのではないだろうか。その分、少しでも甘く入ってきたアウトコースは確実にとらえる。ある意味で、打つコースと打てないコースを割り切っているバッターといえる。

ライオンズなどで活躍した清原和博氏は、プロ入りしてしばらくの間、ホームベース寄りに構えていたが、インコースを攻められるようになってからはベースから徐々に離れるようになった。離れることで、インコースをさばこうとしたためだ。立ち位置を変える決断を下す背景には、バッター自身に何か狙いがあるのだ。

ベース寄り、もしくはベースから離れるといったバッターボックスの左右の立ち位置の変更は、ピッチャー視点でもある程度分かる。だが、バッターボックスの前後の変更は、ピッチャーからでは分かりづらい。以前よりもキャッチャー寄りに立つようになったのか？　前後の動きは、バッターに近いキャッチャーが確認する仕事である。

工藤のミカタ

空間が広いから投げやすいわけではない

アウトコースに来たボールを強くライトへ打ち返す。長野選手のこういう打球をよく見ると思う。長野選手の立ち位置をよく確認してほしい。

ストライクゾーンはひとつだけか

野球規則でストライクゾーンの規定は明記されている。しかしバッターそれぞれの立ち位置が違えば、ルール上とは違うストライクゾーンが存在する。ストライクゾーンの空間があるとすると、そのゾーンがインコースに寄っているバッターもいれば、アウトコース寄りにずれている選手もいる。ピッチャー寄り、キャッチャー寄りと、前後でずれている場合もある。

先ほど紹介した、ホームベースから離れて立っている長野選手でいえば、おそらく彼のストライクゾーンは、インコース寄りだろう。アウトコースのギリギリのストライクを打ちにいくには、体勢を崩さなければ打つことができない。また、胸の高さのボールを振るバッターは、本人にとってはそこがストライクゾーンといえる。

工藤のミカタ

それぞれの選手にルールとは違うストライクゾーンがある

スイングから何が分かるか

キャッチャーの配球のポイントでも紹介したが、バッターは自然にスイングしたとき、力が入りやすいコースがある。それは、インコースかアウトコースのどちらかだ。どちらも、自然に強く振れるバッターはいないといっていい。なぜなら、インコースの得意なバッターがアウトコースを打つときには、意識して打ち方を変えなければいけないからだ。インコースが得意ということは、体の近くを強く振れるスイング軌道と考えると分かりやすい。一方、アウトコースは体から遠い。遠いボールに対応するために、形を変えざるを得ないのだ。大げさにたとえるのなら、オーバースローのピッチャーがサイドスローで投げるようなものだ。見た目には分かりづらいかもしれないが、それだけの違いがある。

こちらもすでに触れた通り、バッターボックスの立ち位置を見れば、インコースとアウトコースどちらが得意かはおおよそ見える。得意なコースに対するスイングと、苦手なコースに対するスイングでどう違うか。それが分かってきたら、バッターをより深く観察できている証だ。

工藤のミカタ

スイングの軌道を変える難しさ
コースによるスイングの違いを確認

2 「3割」打てるバッターと打てないバッターの違い

CHECKPOINT ❶ コースや球種に対する弱点があるか

コースにしても球種にしても、「苦手」が少ない選手が条件になる。「インコースはまったく打てません」では、やはり3割の成績を残すのは難しいだろう。もちろん、コースぎりぎりの厳しい球は打てなくても仕方がない。それよりもやや甘いコースをいかに確実にヒットにするかがカギになる。

26ページで話したように、プロのピッチャーといえども狙ったところに投げ続けるコントロールはもっていない。必ず、甘く入ることがある。その失投を逃さずに打てなければ3割は見えてこない。

ところでみなさんもご存知の通り、「飛ばない」といわれる統一球の導入によって、3割を打つのはこれまで以上に難しくなった。統一球導入前の2010年は両リーグで27人もいた3割バッターも、2012年は両リーグあわせてわずか11人、2011年は9人しかいなかった。ボールが変わるだけで、成績がこれほどまでに変わってくるのだ。現在の統一球で3割を達成することがいかに容易でないか、分かるだろう。

ボールが飛ばない＝かつてのボールに比べて反発係数が低いことを意味する。反発が少ないので、バットの根っこや先っぽで打ったときには当然飛ばない。分かりやすくいえば、ホームランになっていた打球が外野フェンス前のフライになっていることが十分ありえるのだ。また、内野と外野に落ちるポテンヒットも減る。

統一球の影響によって、バッターの心理も変わっている。遠くへ飛ばすことよりも、ミート中心の意識が強い。ボールに対して、いかにバットの面を出すか。芯でとらえることを最優先に考えているのだ。「飛ばそう」「振ろう」という意識が強いと、どうしてもミートの精度は落ちてしまう。それをさけるために、ミートに集中している。

また、「飛ばない」という心理面がマイナスに働いていることもある。その考えを取り除くために、試合前のフリーバッティングでは統一球ではなく、2010年まで使っていたボールを打っている球団が多い。

工藤のミカタ

弱点の少ないバッターほど、率は残せる
しかし統一球の影響で3割はより難しい時代に

CHECKPOINT ❷
好不調の波があるか

とりわけバッターは心理面で左右されることが多い。芯でとらえた、いい当たりにもかか

統一球導入以降の3割バッター（敬称略）

[セ・リーグ：2012年]

順位	選手名	チーム	打率
1	阿部　慎之助	読売ジャイアンツ	.340
2	坂本　勇人	読売ジャイアンツ	.311
3	大島　洋平	中日ドラゴンズ	.310
4	長野　久義	読売ジャイアンツ	.301
5	ミレッジ	東京ヤクルトスワローズ	.300
5	ラミレス	横浜DeNAベイスターズ	.300

[セ・リーグ：2011年]

順位	選手名	チーム	打率
1	長野 久義	読売ジャイアンツ	.316
2	マートン	阪神タイガース	.311
3	宮本　慎也	東京ヤクルトスワローズ	.302
4	鳥谷　敬	阪神タイガース	.300

[パ・リーグ：2012年]

順位	選手名	チーム	打率
1	角中　勝也	千葉ロッテマリーンズ	.312
2	中島　裕之	埼玉西武ライオンズ	.311
3	糸井　嘉男	北海道日本ハムファイターズ	.304
4	内川　聖一	福岡ソフトバンクホークス	.300
5	田中　賢介	北海道日本ハムファイターズ	.300

[パ・リーグ：2011年]

順位	選手名	チーム	打率
1	内川　聖一	福岡ソフトバンクホークス	.338
2	糸井　嘉男	北海道日本ハムファイターズ	.319
3	後藤　光尊	オリックス・バファローズ	.312
4	栗山　巧	埼玉西武ライオンズ	.307
5	本多　雄一	福岡ソフトバンクホークス	.305

チーム名は各シーズン終了時点

わらずアウトが続くと、それにつられて調子が落ちていくケースがある。理屈でいえばどれだけいい打球であっても、アウトになるというのはピッチャーのタイミングで打ち取られているとも考えられる。いいコースをつけば、野手が守っているところに飛ぶようにできている。守備位置というのは、不思議なものである。

一方、ポテンヒット一本で一気に不調から脱出する選手もいる。不調が続いたバッターにラッキーなヒットが生まれたら、その後の打席に要注目だ。

同様にいい当たりのファウルで、バッティングの状態がよくなるケースもある。例えば、バットがなかなかスムーズに出なかった右打者が、三塁線へ痛烈なファウルを打ったとする。結果はファウルでも、その一打によって打ち方の感覚を取り戻すことはある。1打席ではなく、1球のファウルで調子も変わる。それだけ、バッティングは繊細なものといえる。

工藤のミカタ

いい当たりのアウトは不調の始まり
ひとつのファウルで変わることも

工藤のミカタ
1シーズン通して打ち続けるのは困難

シーズンを通じて打ちつづける難しさ

好調時はストレートを狙っていても、変化球にもついていける。「ボールが止まって大きく見える」（実際には止まりもしないし、大きくもならないが）といってしまうほど、自然に体が反応してくれるのだ。しかしその状態も、バッターなら1ヶ月〜1ヶ月半程度しか続かない。

「1ヶ月」単位で見れば、月間打率が3割を超えているバッターがいるが、シーズンを通して打ちつづけるのは、非常に難しい。これには体のコンディションが密接に関係している。レギュラーシーズンは、144試合の長丁場。疲労や体のどこかしらに違和感は出てくる。

ピッチャーは先発の場合は登板間隔があくため、2ヶ月ぐらいは続く。たまに6連勝や7連勝するピッチャーがいるが、それはベストコンディションを維持できていると見ていい。

3 代打で成功する選手の条件

CHECKPOINT ❶ ファーストストライクへの対応

代打には鉄則がある。「ファーストストライクを必ず振る」。初球のストライクを簡単に見逃しているようでは、わずか1打席で結果は残せない。

よくある例として、どの程度のボールを投げるのかと、ボールの軌道を見てしまうことだ。たしかに打席に入らなければ分からない情報もあるが、こういった準備は打席に入る前に終わらせておかなければいけない。ピッチャーが代わったばかりであれば、5球のピッチング練習の間にタイミングを取っておく。ファーストストライクから振るには、しっかりとした準備が必要なのだ。

2012年の日本シリーズ第二戦。巨人が1対0で迎えた9回表、日本ハムが2アウト一、三塁のチャンスを作り、栗山監督は、代打に二岡智宏選手を送った。だが、代わったばかりのジャイアンツのマシソン投手が投じた初球を打ち上げ、ライトフライに終わった。ファンの中には「何で初球から打つんだ！　もったいない！」と思った方もいるかもしれない。でも、初球を振るのが代打の仕事。あそこで見逃していても、いい結果は生まれなかっただろう。初球から振る「姿勢」が代打には必要となるのだ。

ファンの方も「代打だから、ファーストストライクから振るんだぞ」という目で見てほしい。そこで振らなければ、「ちゃんと準備してきたのかな」と思ってもいい。ヒットが出たかどうかは結果論にすぎない。

工藤のミカタ
「ファーストストライクを必ず振る」
打席に入る前に準備は終わっている

CHECKPOINT ❷
フォアボールのあとの初球への対応

ピッチャー視点からすると、チャンスで出てきた代打がファーストストライクを簡単に見逃してくれると、精神的優位に立てる。特にフォアボールのあとの初球を見逃してくれると、かなり楽だ。この1球で結果はほぼ決まっているといっても過言ではない。

バッテリー心理を突いたひとつの格言として「フォアボールのあとの初球を狙え」という言葉がある。

たとえば、前の打者をフォアボールで出して満塁になったとする。次打者の初球に、キャッチャーがいくらボールになる変化球を要求しても、「フォアボールになったら押し出し。初球はストライクを取っておきたい……」というピッチャーの心理が働くものだ。経験の浅い若いピッチャーほど陥りやすい考えといえる。代打に限らず、勝負強いバッターはこのあたりの心理をうまく読んでいる。

もちろん、ピッチャーも代打の初球には細心の注意を払う。ガンガン振ってくるタイプであれば、ストライクからボールになる変化球で誘う。打ちたい気持ちの強い若手は、このボールに手を出してしまうことがある。バッテリーもまた、代打の気持ちを頭に入れながら攻めている。

目には見えない部分だが、18・44メートルのバッテリー間でバッテリーとバッターの心理戦が繰り広げられている。実はこの〝目に見えない〟心の駆け引きこそ、野球の醍醐味である。

工藤のミカタ

フォアボールのあとの初球にチャンスあり
ピッチャーの心理状態を考えたうえの戦略

4 打順から見えてくること

CHECKPOINT ❶ 1番バッターのタイプ

まず、打順全体について解説したい。

かつてはスタメンを固定できるチームは強いといわれていたが、今は試合ごとにスタメンを替えるチームが増えている。この理由は、先発・中継ぎ・抑えとピッチャーの分業制が確立されたことと関係している。先発ピッチャーひとりではなく、中継ぎ、抑えのピッチャーまで総合的に攻略法を考えるために、ベンチに左投手に強い、変化球に強い、右打ちがうまいといった特徴のあるバッターを置くようになった。

また、レギュラーと控えの差がなくなってきたともいえる。各チームの監督の采配を見る限り、上位を打つ主力選手は別にして、下位打線はピッチャーにあわせて柔軟に起用する傾向が強い。

工藤のミカタ
理想は固定打線？　猫の目打線？ ピッチャーの分業制が確立した影響

落合氏が1番バッターだったら……

統一球導入により、ホームランによる得点が明らかに減っている。打つだけの野球では、得点をあげるのは難しい。いかに足を使い、小技をからめていくか。そのカギを握るのが1、2番だ。1番打者のイメージというと、「俊足」という言葉が頭に浮かぶと思う。では、なぜ足が速い選手が1番を打つのだろうか。

初回だけは、1番打者がイニングの先頭となる。立ち上がりはどのピッチャーも、その日の調子が分からずに手さぐり状態で入る。その中で俊足の1番打者を出塁させると、盗塁のケアも必要になり、バッターとランナーの両方に集中しなくてはいけない。さらにクイックで投げるため、球威が落ちやすい。不安定な立ち上がりを攻め込むために、1番打者には足の速さが求められるのだ。

かりに落合博満氏が1番打者だったらどうだろうか。こう言っては大変失礼ではあるがピッチャーとしては正直怖くない。シングルヒットならオッケーだ。出塁されても、盗塁への警戒はそこまで必要としない。だから2番打者に集中できる。むしろランナーがいるときに打席に入ってこそ、落合氏のバッティングが生きる。その状況で落合氏と対戦するのは僕も含め、どんなピッチャーもとても怖いはずだ。

工藤のミカタ

足を使える1番打者がいるか
出塁することでバッテリーに重圧をかける

CHECKPOINT ❷
2番バッターのタイプ

監督の考えが表れやすいのが2番打者の起用法だ。基本的には送りバントなど小技をできる選手を置くことが多いが、栗山監督のように一時的に稲葉選手を2番に使い、ノーアウト一塁から打たせるケースもあった。僕の若いときに比べると、簡単にバントを選択する監督が減ってきたように感じる。かつては平野謙氏や川相昌弘氏（現読売ジャイアンツヘッドコーチ）をはじめ、バント職人のイメージがあった。

1番、2番のどちらかが出塁して、3番以降のクリーンアップに回すという考え方もある。つまり、1番が出なくても2番が出てくれればいい。両方が1番打者という考えで打順を組む監督もいる。

バントをするにせよ、打つにせよ、2番打者に求められるのはランナーを進めることだ。自分がアウトになっても、塁を進める。そのために必要になるのがセカンドやライト、つまり右方向へのバッティングとなる。

分かりやすい例をあげれば、ランナーが二塁のときだ。二塁ランナーの基本的な考えは、「自分の左側に飛んだ打球は三塁へスタートを切る。右側の打球は止まる」。ランナーから見た左側とはセンターやライト方向への打球。右側は三遊間や三塁への打球となる。

セカンドゴロ、ファーストゴロでも、二塁ランナーは三塁へスタートを切る。これが三遊間寄りのショートゴロなら進めない。セカンドやファーストは三塁までの距離が長いために、たとえ三塁に送球してもセーフの可能性が高い。同じアウトであっても、意味が違うのだ。

こういった右打ちがうまいのは、やはりベテランの宮本選手や井端選手だ。ランナーが二塁にいるときのふたりの右打ちに注目してほしい。

工藤のミカタ

監督の考えが見える2番打者
逆方向へ打つ技術を持っているか

CHECKPOINT ❸ クリーンアップの役割

3番、4番、5番を中軸もしくは、クリーンアップと呼ばれる。塁上にいるランナーをホームへ生還させる役割を期待されている打順である。塁を一掃する＝クリーンアップである。監督によって考え方が違うが、一般的には3番は打率を残せる選手、4番は打率が低くても長打が打てる選手、5番はチャンスに強い選手を置くことが多い。

キューバでは、3番にチームで最高のバッターを起用するといわれている。それは初回に1、2番のどちらかが出塁すれば、ランナーを置いた状態で最初に迎えるバッターだからだ。また、4番よりも打順が多く回ってくる可能性もある。

一方で、初回に2アウト二塁でも回ってくるのが4番打者。ここで打てば、主導権を握ることができる。そういう意味で、4番が重要視されるようになったのだろう。2012年の栗山監督のように、「中田は打てなくても使い続ける」とガマン強く起用するのもひとつの育成法だ。今の時代、ホームランを打てる選手はそれだけ貴重な存在といえる。

クリーンアップに期待されているのは打点である。どれだけ得点圏にランナーがいる場面で打てるか。1、2番がおぜん立てしたチャンスを返すのが役割だ。

そこで、得点圏打率について考えてみたい。大前提としてチャンスで回ってくる打順にいることがあげられる。前の選手がどれだけ出塁しているか。1、2番の出塁率にもかかわってくることだ。

得点圏打率が高い選手に共通するのは「読み」のうまさだ。ランナー二塁で、阿部捕手や井口資仁選手（現千葉ロッテマリーンズ）を迎えたバッテリーは「ストレートで入るのは危険。まずは変化球で様子を見て……」と考えやすい。分かりやすくいえば、ノーアウト満塁でバッター阿部、初球にストレートを投げるバッテリーがどれだけいるだろうか？　よほどストレートに自信があるピッチャーしか投げてこないだろう。

そのバッテリー心理をバッターも読んでいる。初球はボールになる変化球で入る可能性が高い。そうなれば、甘く入ってくる変化球に狙いをしぼっておく。ボールになれば、1ボールになり打者有利カウントで勝負できる。つまりは自分がどういうバッターとして見られているかを、よく知っているのだ。

工藤のミカタ
勝負強さの秘訣は「読み」にある

5 テレビ解説に出てくる曖昧な野球用語の本当の意味

CHECKPOINT ❶
ボールをよく見ろ

バッティング指導の中で「ボールをよく見なさい」という言葉がけがある。

ただ、これだけでは言葉が足りない。構えた時点ではボールをよく見ていても、いざ振り出すと、ボールから目が離れてしまうことがある。正しくは、「スイングをする中でボールをよく見なさい」だ。体を動かした状態でも、ボールから目を離さずにスイングできるか。そのためには頭をぶらさずにスイングできなければいけない。

プロのバッターでも、ボールとバットが当たる瞬間まで見ている選手はいない。そこまで見ていたら、バットを振れないからだ。あるところから、「予測」の次元となり、「ボールがこのへんにくるだろう」という軌道を頭に描きながらミートしている。

バットを振り出すところからインパクトまで、どれだけ頭がぶれずに振れているか。それができるのがいいバッターの条件といえる。

工藤のミカタ

スイングの中でボールを見る
インパクトまで頭がぶれずにバットを振れるかが大事

ボールをむかえるの意味

理想的な打ち方

ボールを打つ際は、自分のタイミングで打ち返すことが重要だ。その結果、ボールを見極める時間が確保できる。

むかえてしまう打ち方

向かってくるボールをとらえたいあまり、自分から前に突っ込んでしまう打ち方はNG。むかえにいってしまうことで、タイミングもあわなくなり、詰まったり、泳いでしまう危険性が高い。

CHECKPOINT ❷

「ボールをむかえる」とはどんな状態か

「ボールを見なさい」の言葉を間違って解釈すると、ボールを見ようとする気持ちが強すぎて、目とボールの距離が近くなってしまう。当然、頭もピッチャー寄りに突っ込んでしまい、強いスイングができない。これが、「ボールをむかえる」状態である。本来、ボールに対して、バッターはそこで待っていればボールがくる（171ページ参照）。

バッティングの調子が落ちてくると、頭で分かっていてもボールと目が近くなることが多い。それは空振りが怖いからだ。結果が欲しいからこそ、当てにいってしまう。バッターの心理状態がからんだバッティング用語といえる。

工藤のミカタ

目とボールが近づいてしまうこと
バッターの心理状態が如実に表れる

CHECKPOINT ❸
基本はセンター返し

これにはふたつの理由がある。ひとつは、内野でもっともヒットゾーンが広い場所を踏まえての意味である。ヒットになりやすいのは二塁ベース付近、セカンドとショートの間の「二遊間」と呼ばれるところ。この間（センター方向）を狙えばヒットの可能性が高まる。

もうひとつは、方向性にある。バッターはどうしても強く引っ張ろうとすると、ボールから目がはやく離れてしまい、ミートポイントがずれる。また、引っ張ろうとすれば90度あるフェアグラウンドの3分の1にしか意識がないことになる。

物理的にいえば、90ページで紹介したようにボールとバットが90度の関係、つまりは直角に当たったときにもっともボールは飛んでいく。前からくるボールを90度で当てれば、必然的にセンターに飛んでいくのだ。センターを狙った中で、タイミングが早ければレフトへ、遅れればライトへ飛んでいく。

どの球場もライトやレフトに比べると、センターまでの距離が一番遠い。もし、センターがライトやレフトと同じ距離であれば、ホームランは簡単に出てしまうだろう。センターに一番飛ぶからこそ、フェンスまでの距離が長いと考えることができる。

工藤のミカタ

二遊間はヒットゾーンがもっとも広い

CHECKPOINT ❹

ヘッドが下がっている

ストレートに対してはヘッドが下がると、ボールの力に負けてしまうが、低めに落ちる変化球を打つときにはヘッドを下げないと打てない。後ろの肩を下げて、ヘッドを下げることでボールがくる軌道にバットを入れることができる。

これは、「上から叩け」という考えにもよく似ている。176ページのイラストを見てほしい。上から叩こうとしたら、下に落ちる変化球は打てるわけがない。正直いえば、球種が少なかった昔の考え方である。

工藤のミカタ

変化球に対しては下がるもの
上から叩いてもボールは当たらない

CHECKPOINT 5 バットをこねる

本来、バッティングはバットの面をそのままボールにぶつけるのが理想である。バットとボールが当たったあとに、後ろの手が前の手を追い越すリストターンという現象が起きる。これは意識しなくても、人間の体の構造を考えれば自然に起きる動きである。

ところが、後ろの手でリストを返してしまうバッターがいる。バットのヘッドが回った状

上から叩くと芯でとらえられない?

ダウンスイングの場合

昔から、ボールは上から叩きなさいといわれるが、あまりにもダウンスイングを心がけると、このようにむしろバットとボールの当たる角度が一点しかないため、芯でとらえるのは至難の業である。

レベルスイングの場合

近年は、このように早めにバットを下ろして、ボールの軌道とバットを平行にして、ボールをバットの面で打ち返す形が主流となりつつある。ボールを一点ではなく、面全体でとらえられるのがダウンスイングとの決定的な違いである。

態でボールに当たるため、的確にミートすることができない。結果、右バッターの場合は力のないサードゴロやショートゴロになりやすい。

工藤のミカタ

ヘッドが回った状態でボールに当たると、ゴロになりやすい
ボールを一点でなく面全体でとらえる

第5章
観戦時におけるベンチ5の視点

1 投手交代を考える

CHECKPOINT ❶ なぜ勝利の方程式をつくるのか?

ピッチャー継投を考える中で、キーワードとして浮かび上がってくるのが勝利の方程式だ。中継ぎ(セットアッパー)、抑えに信頼できるピッチャーがいると勝利の確率はグンっと上がる。分業制が当たり前になった今のプロ野球だからこその言葉といえる。

2012年の巨人でいえば、山口投手や西村投手ら中継ぎ・抑えが仕事を果たしていた。「6回までにリードを奪っていれば、勝利確率98パーセント」というデータもあった。逆転負けが数えるほどしかないわけだ。

したがって「後ろがしっかりしていれば、継投が逆算できる」と考える方は多い。しかし、先発で投げてきた僕から言わせれば、「先発がゲームを作っているからでしょう」と思う。先発が打たれてしまえば、勝利の方程式も何もないわけだから。
勝利の方程式が確立されていると、監督は迷わずにピッチャーを替えることができる。中日であれば、8回に浅尾投手、9回に岩瀬仁紀投手という方程式があった。もし、この方程式で負けたのなら仕方ない。チームだけでなく、ファンも納得するだろう。勝利の方程式＝継投の「迷い」を消すことが一番大きな意味合いといえる。

工藤のミカタ
分業制となったプロ野球で、勝利の方程式の確立は必須
しかし最大の目的は、継投の「迷い」を消すことにある

CHECKPOINT ❷
ピッチャー交代のタイミング

毎試合、ベンチの思惑通りの継投で勝利を簡単につかめるほど、野球は甘くない。あまりにも勝利の方程式に監督がこだわりすぎて、好投を続けていた先発を代えてしまい、逆転負けを喫するケースもある。

型にはめすぎず、交代の基準を明確にする必要がある。

ピッチャーは、はじめは低めに決まっていたスライダーが高めに浮いてくる、ストレートの球速が明らかに落ちてくるなど、疲れが見え始め、状態が悪くなる兆候が必ずある。この乱れたときにこそ、どこまで修正して踏ん張れるかで、一流・二流のピッチャーに分かれるといってもいい。

とはいっても、個人成績以上にチームの勝利が優先されるから、ベンチはピッチャーの調子が落ちてくれば、交代のタイミングを図る。その交代の基準を見つけだすのは、監督ではなくピッチングコーチの仕事だ。監督はチーム全体を見るのが仕事。ピッチングコーチはピッチャーのことならすべて知っておかなければいけない。これらをチームで共有していれば、ピッチャー交代に迷いは生まれない。

たまに球数を目安にして交代する監督がいるが、ピッチャーからすれば球数は関係ない。自分が思ったとおりのフォームで投げられているときは、120球でも140球でも投げられる。登板後の疲れも心地いいものだ。フォームが崩れているときは、球数が少なくても疲労が残る。ファンの方にも、交代の基準は決して「球数」ではないことを覚えておいてほしい。

状態の見分け方でひとつ参考になるのが、20ページで紹介した縦軸・横軸タイプの考えだ。縦軸タイプのピッチャーは調子のいいときはコースに決まるが、調子が悪くなるとコースから外れる。横軸タイプは低めに決まっていたボールが高めにいくようになる。見ているほうもここが分かっていれば「崩れてきたかな。そろそろ交代の時期かな?」と感じられるようになるだろう。

工藤のミカタ

ピッチャーは、状態が悪くなる兆候が必ずある
その交代基準を明確にしておくのはピッチングコーチの仕事

CHECKPOINT ❸
ローテーションの組み方

もし、僕が監督だったら先発ローテーションは5人で回す。6人目は常に空けた状態にしておき、中継ぎやファームで結果を残した若手を抜擢していく。そうすることで、ピッチャー陣全体に競争意識が芽生えていくからだ。そして先発で結果を残せば、二度、三度と先発のチャンスを増やしていく。

シーズン通してケガ人がひとりも出ないということはありえない。ケガ人が出たときのためにも、若手にチャンスを与えて、実戦の中で育てておきたい。ケガ人が出てから、あたふたしても遅いのだ。

ローテーションという考えは、先発だけでなく中継ぎにも必要になる。勝てる試合だからといって、毎日同じピッチャーを使っていれば、どこかで疲れが出てくるのは当たり前のことだ。その疲れは突然出るものではなく、日々蓄積されていくものである。疲れが表に出てから気づいては遅い。試合前のランニングを見て、トレーナーが「フォームがおかしいな」と思えば監督に報告しなければいけない。その報告ができてこそ、プロのトレーナーといえる。

選手は疲労やケガを隠したがる。それが分かると、使ってもらえなくなるからだ。それを見抜いて、ストップをかけるのがトレーナーやコーチの仕事になる。

勝ち試合で使う中継ぎを意識的に休ませるチームが、どのぐらいあるか。使わなかった結果、その試合を落としたとしても、長いシーズンを考えれば意味のある休養となる。

工藤のミカタ
ローテーションは、先発だけでなく中継ぎにも必要
1シーズンを考え、リリーフ陣の疲労も考慮した起用を

工藤式先発ローテーションの考え方

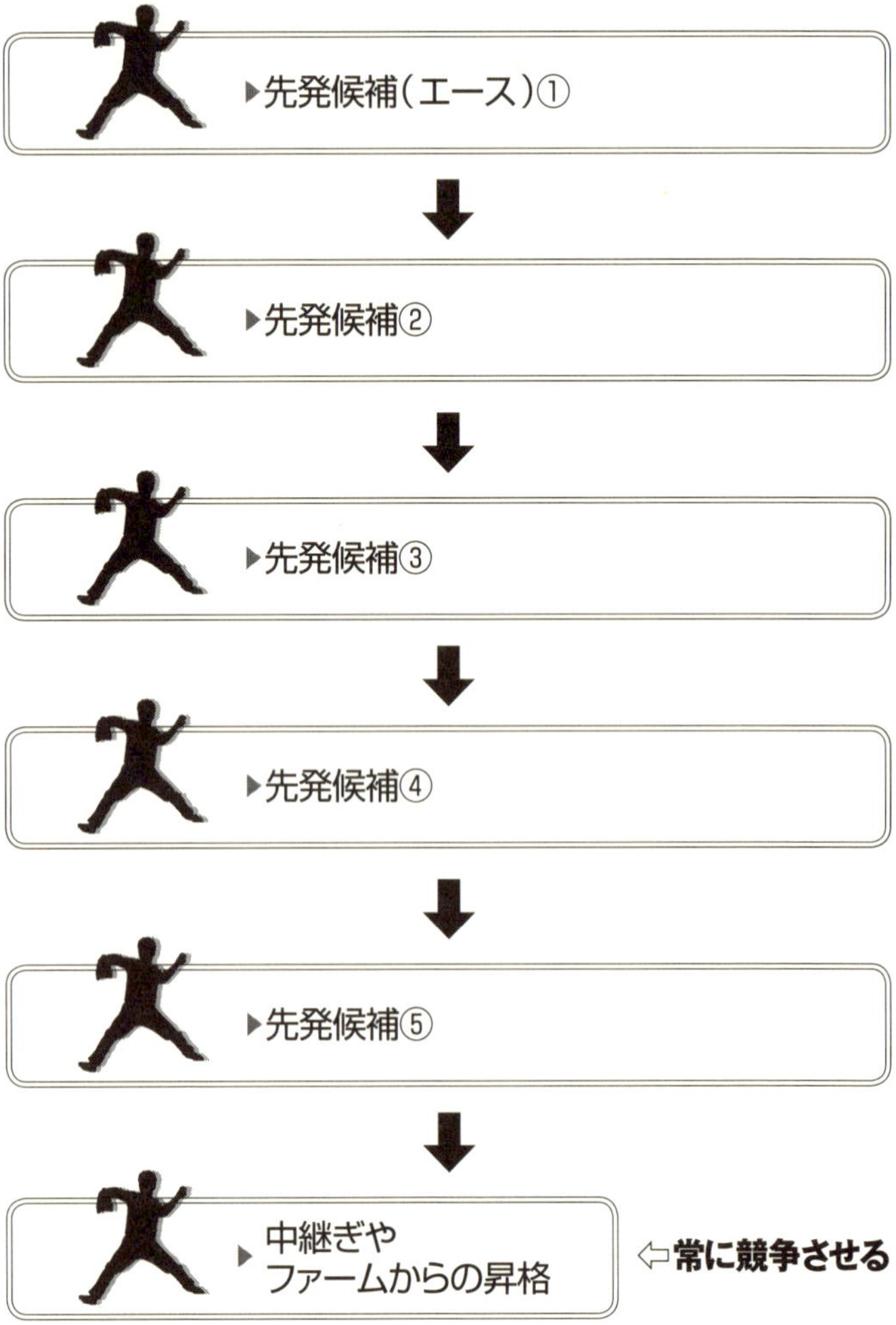

2 勝てるチームの野球とは

CHECKPOINT ❶ 送りバントのあとのチームの出迎え方

CHECKPOINT ❷ 主軸も進塁打ができているか

選手にはそれぞれの役割がある。その役割をまっとうできているチームこそが、勝利に近いといえる。見ていて分かりやすいのは、バントを含めた「進塁打」に対する意識だ。送りバントを決めたときに、ベンチがどのような迎え方をしているか。決めた本人はどんな表情をしているか。その様子を見ていると、「チームのために」という気持ちがどれほどあるのか見えてくるものだ。

できれば、新聞のコメントも確認しておきたい。勝利に貢献した選手が「チームのためにいい仕事ができました」と話していれば、「進塁打」に対する意識が浸透していると言える。

この意識は、主軸にも求められる。ノーアウト二塁、クリーンアップが2ストライク追い込まれたあとに進塁打の意識があるかどうか。この場面に、チームとしての野球が見えてくる。

打点を期待されているクリーンアップだからこそ、「自分で決めてやる」という強い気持ちも必要だ。それでも、自分を犠牲にして右方向に打てるか。セカンドゴロでアウトになったとしても、1アウト三塁の得点機をつくれる。とりわけ調子が悪いときに、どれだけ進塁打を打てるかが大事だ。ヒットを打つことだけが、チームへの貢献ではない。不調である自分の状態を受け止めて、最低限の仕事をすることにも意味がある。

一方で「クリーンアップは自由に打っていい」というチームもある。右バッターが逆方向への意識を見せずに、簡単にフライを打ち上げていればそういう可能性があると思っていい。これはいい悪いではなく、監督の考え方といえる。

ランナー二塁で打席に入ったクリーンアップがどういう意識で打っているのか。ここに注目だ。

工藤のミカタ
バントを含めた「進塁打」に対する意識があるチームは強い
ノーアウト二塁、クリーンアップが2ストライク追い込まれたあとの対応に注目

CHECKPOINT ❸ チームの雰囲気

西武ライオンズの黄金期は、2連敗でもしたら試合後に石毛宏典氏がすぐに選手だけのミーティングを開いて、「このままずるずるいくわけにはいかないぞ!」と言葉をかけていた。だから、暗い雰囲気になることはなかった。

今は連勝が多ければ、連敗も多い。年を重ねるごとに感じていたが、選手のハートが弱くなっているように思う。おそらく限界まで練習している選手が少ないのではないだろうか。若い選手と一緒に自主トレをよくしたけれど「もう動けません……」とすぐに根をあげる。極端な話、自分が疲れたと思っていても、後ろにライオンがいたら必死に逃げるはず。本当の限界はもっと上にあるのだ。

若い選手は平気で「何できつい練習をしないといけないんですか？」と言ってくる。普段から自分を追い込んだ練習をしていないから、勝負のかかったときに、おじけづいてしまい実力を発揮できない。そのようなシーンを何度も見てきた。

そうは言っても、昔と今では育ってきた環境が違う。「楽しくやろうぜ」みたいな雰囲気も大事になってくるだろう。そのほうが若い選手が力を発揮しやすいのは確かだ。

2012年、巨人の内海投手がFAでソフトバンクから加入した杉内投手に積極的に声をかけて、チームの輪に入れるように気配りをしていた。

僕の若いときは、「派閥」があったり、結果を出すまで「お前は認めないよ」という雰囲気もあったが、こういった気配りも、これからは求められてくるのかもしれない。

チームの雰囲気は、ベンチにも表れる。

ときどき、大差で負けているのにベンチにいる選手が歯を見せて笑っていたりする。ファンは、これを見てどう思うのだろうか？　このあたりは、プロ野球を発展させるためにもファンの思いを球団や選手にどんどん伝えたほうがいい。この試合が初めてのプロ野球観戦という方もいるだろう。でも、球団や選手にとっては長いペナントリーグの1試合。その意識の差は大きい。

負けたときにどれだけ悔しい思いを持てるか。それによって球団や選手は変わっていくか。負け慣れてしまえば、そこに成長はない。勝利という結果を出してこそ、プロの世界に生きている人間だ。心底悔しい表情をしているかどうか、ファンの人は負けたあとの選手の表情をぜひ見てほしい。

工藤のミカタ

強いチームには、強いチームにしかない雰囲気がある
負けた試合後の選手の表情から、そのチームの状態が見てとれる

3 監督とコーチの役割の違いとは

CHECKPOINT ❶ 野手出身監督か、ピッチャー出身監督か

企業でいえば監督は社長、コーチは課長とイメージすると分かりやすい。現場の総指揮官であり、最高責任者であるのが社長だ。選手起用の決定権は社長である監督が持っている。課長であるコーチは、持っている情報を監督に報告する役割がある。ピッチングコーチであればピッチャーの状態を伝える。

監督の考え方は、現役当時のポジションによってさまざまだから面白い。かつては攻撃力重視だったり、投手力重視といったカラーが分かりやすく出るケースは多かった。しかし、統一球導入以降、やはり一発長打で打ち勝つ野球を掲げるのは難しくなった。

したがって、しっかりと投手陣を整備して、いわゆる勝利の方程式を確立させる。打線は機

動力を絡めながら、チャンスを確実に得点につなげる野球というのが近年の傾向である。

さて、さきほどお話ししたピッチャー交代の基準は、ピッチングコーチが判断材料を持っていなければばならない。それを監督に伝えたうえで、監督が交代を決断する。この方法でうまくいっていたのが、中日ドラゴンズの落合前監督と森繁和前ピッチングコーチのコンビではないだろうか。落合氏はピッチャーを交代させるタイミングを森氏に任せていたという。

落合監督のように全面的に任せるのは珍しいと思う。というのも、僕の経験上、野手出身監督は、ピッチャーの継投についても自分なりの考えを持っていることが多いからだ。一方で、ピッチャー出身監督の場合、バッターに関することはバッティングコーチに任せる場合がある。

当然、監督とコーチは立場が違うので意見がぶつかるときもあるが、それは当然のことだ。意見をかわしながら、最善の方法をとっていけばいい。

工藤のミカタ
監督の考え方は、現役当時のポジションによってさまざま。それが面白い

CHECKPOINT ❷

バッティングコーチによる円陣のタイミング

試合中、バッティングコーチの動きに注目してほしい。具体的にいえば、どのタイミングで円陣をかけるかだ。テレビ中継でも、ベンチ前でミーティングをする場面が映るときがある。注目は、ミーティングを行うイニングだ。打順がひと回りしたあとの3回や4回にかけているときは、狙い球が間違っていたケースが多い。事前に調べたデータと、配球が変わっている可能性がある。それまでの対戦ではストレート主体だったのが、この日は変化球主体に変わっているといった形だ。ミーティングを開くのが早ければ早いほど、「事前の読みと何かが違った」と考えていいだろう。

工藤のミカタ

円陣を組むイニングが早ければ早いほど、「事前の読みと何かが違った」と考えよう

CHECKPOINT ❸ ピッチングコーチの人数

バッテリーコーチはキャッチャーを中心に見ている。配球に関してアドバイスを送るのもバッテリーコーチの仕事になる。ときにピッチャーにもアドバイスを送るが、ピッチャーの中にはそれを嫌がる者もいる。そんな選手には「キャッチャーから見た考えを言ってくれているんだから、しっかりと聞くように」と伝えていた。さまざまな立場からの声を聞くことは、自分の成長につながっていく。

ピッチングコーチは近年、複数置いているチームが多い。そこで気にかけてほしいのは、現役時代に先発として活躍したのか、中継ぎ・抑えとして経験を重ねてきたのかだ。理想をいえば、先発出身と中継ぎ・抑え出身のふたりがいることが望ましい。同じピッチャーといえども、試合に入るまでの調整はまったく違うからだ。

ピッチャーの役割分担が明確になってきたのであれば、今後はそれに適したピッチングコーチの配置も求められていくだろう。

工藤のミカタ

ピッチングコーチの投手歴に注目
分業制になった今、先発出身と中継ぎ・抑え出身の二人体制が望ましい

CHECKPOINT ❹

チームの意識が見えるスコアラー

2012年、巨人が日本一になったことで戦略コーチの橋上秀樹氏の存在がクローズアップされるようになった。データを分析して、チームに伝える役割をしていた。当時、落合監督が率いていた中日も、スコアラーの数が他球団よりも多いという特徴があった。データ分析に力を入れるのは、僕は当たり前のことだと思っている。それだけ、今の野球はデータが重要といえる。

かりに僕がやるのであれば、学生でも野球未経験でもいいので本気でプロのスコアラーになりたい人を募ってみたい。

データを収集して、スコアラーの仕事が終わるわけではない。いかに分析して、選手にどう伝えるか。この部分に長けた人であれば、野球未経験者でも大歓迎だ。

工藤のミカタ

スコアラーの充実は当然の流れ
野球経験関係なく、選手へ伝える力が秀でた人こそ適任

4 野球に「流れ」はあるのか？

CHECKPOINT ❶ 味方が得点機を逃した直後のイニング

テレビ中継を見ていると、解説者が必ずといっていいほど口にする言葉が「流れ」である。「流れがきていますね」「流れが変わりましたね」と、当たり前のように使われている。それを聞いているファンの方も、「流れ」という言葉を使っているのではないだろうか。

では、「流れ」とはいったい何なのだろうか。

僕は流れなんてものはないと思っている。「守備から攻撃のリズムを作る」「ピッチャーのテンポがいいとバッターは打ちやすい」と言われるが、だとすれば1対0の試合は少ないはずだ。バッターが打ちやすければ、もっと得点が入っていい。しかし実際は、ピッチャーのテンポに関係なく、得点が入るときは入るし、入らないときは入らない。

あるとしたら、心理面の変化だ。

「ピンチのあとにチャンスあり」という格言があるが、チャンスにもかかわらず得点が入らなかったとき、「次のイニングは大事だ。しっかり抑えよう」と思うピッチャーが多い。ピッチャーだけでなく、周りの声も入ってくる。ベンチからマウンドに向かうときに、「この回は大事だから、先頭抑えろよ！」と監督やピッチングコーチがわざわざ言いに来ることがあるのだ。それによって、今までと違う気持ちになり、余計な力みにつながるときがある。こういった心理が影響している。

それを「流れ」という一言で表現してしまうと、大事な心の揺れが見えなくなってしまうような気がしてならない。

工藤のミカタ
野球に「流れ」など、そもそも存在しないあえていうならば、心理面が影響

CHECKPOINT ❷

2アウト後の長いキャッチボール

ピッチャーは1試合の中で、一定のリズムで投げているほうが調子がいい。味方の攻撃が急に長くなると、そのリズムが崩れることが多い。

多くのピッチャーが、味方の攻撃が2アウトになったあとベンチ前で軽いキャッチボールをしているが、これは肩の動きをよくするためだ。1アウトでもダブルプレーが考えられる場面では準備をしている。若いときは、キャッチボールをしなくてもマウンドでビュンビュン投げられたが、年を取ってからはそうはいかなくなった。マウンドで力を入れて投げるための準備が必要なのだ。

このように大事な時間ではあるが、このキャッチボールが長くなりすぎるとリズムが崩れる。2アウト後にチャンスが続いたり、相手チームがピッチャーを替えたりすることで時間が長くなる。

あまりに長いときは一度ベンチに戻り、体を休めることもある。一番困るのが、攻撃時間が長かったうえに得点が入らなかったときだ。余計に「次のイニングが大事」と思ってしまう。「ピンチのあとにチャンスあり」とは、このキャッチボールの時間も関係しているかもしれない。

2アウト後のキャッチボールが長くなったときに、次のイニングで何が起きるか。イニング間のピッチング練習はしっかりと投げているか。特に先頭打者との対戦に注目だ。先頭を出すと、失点の可能性は高まる。このようにピッチャーの心理状態を知れば、流れの正体が見えてくる。

工藤のミカタ
ピッチャーには一定のリズムがある
長いキャッチボール後のイニングの先頭打者を出すと失点の可能性高し

5 監督の采配から見えること

CHECKPOINT ❶ エンドランを仕掛けるタイミング

2012年の試合を見ていると、12球団でもっとも仕掛けているのは日本ハムの栗山監督ではないだろうか。送りバントも多いが、エンドランも多い。データ的なことは分からないが、ここぞのタイミングでエンドランを成功させていたイメージがある。

エンドランを仕掛けるタイミングは、まず大前提としてボールに当てることがうまいバッターが打席にいるかどうか。空振りが多いバッターにはさすがに仕掛けづらい。ランナーがアウトになる可能性が高まるからだ。

もうひとつは、ピッチャーの状態にある。普段はフォアボールの数が少ないピッチャーが前の打者に簡単にフォアボールを出してしまったとする。ピッチャー心理としては、次打者の初球はストライクを取りたい。コントロールがいいだけに、ストライクも取れる。そこまで予測したうえで、次打者の初球やワンボールのあとの2球目に仕掛けると成功しやすい。

工藤のミカタ
ミートがうまいバッターやフォアボールを出した次のバッターの初球、ワンボール後の2球目は仕掛けどころ

CHECKPOINT ❷
2アウト一塁や一・二塁でカウント3－2の場面

「自動エンドラン」という言葉がある。2アウト一塁や一・二塁でカウント3－2になったときに、ランナーは自動的にスタートを切る。空振りしたらチェンジ、ボールであればフォアボールになるからだ。

1アウトのときはどうなるか。フォアボールなら問題ないが、空振りしたときには三振ゲッツーがある。

自動エンドランになるかは、チームの約束事としてあらかじめ決まっていることが多い。また、バッターによっても変わってくる。空振りの多い外国人ならスタートは自重、バントなど小技が得意なバッターであれば1アウトでも自動エンドランになりやすい。

工藤のミカタ
「自動エンドラン」はチームの約束事として決まっている

CHECKPOINT ❸
送りバントの確率が高い場面での守備隊形

高い確率で送りバントが想定される場面ではファーストとサードがチャージをかけてくる。このときに、バッターによっては「野手が出てきたらバスター（投手が投げる瞬間にバントの構えから打つ構えに変える）をしていい」という決まりがある。送りバントのサインでも、バッターの判断でバスターに切り替えることができる。

ただ、どれだけチャージしてきても、ピッチャー前に打球の勢いを殺せばほぼ成功する。ファーストとサードがチャージしてきたとしても、バッターとピッチャーの距離は変わらない。当たり前のことだが、ピッチングが終わってからでなければ守備体勢に入ることができない。ピッチャー前に転がすことで、バント成功の鉄則といえる。

では、ピッチャーはどこに投げたら、バントを防ぐことができるだろうか。

僕はインローに投げて、ファウルにさせていた。インハイに投げるピッチャーもいる。体に近づいてくるボールは、バッターにとって窮屈でやりづらいのだ。

工藤のミカタ

バント成功の鉄則はピッチャー前
ピッチャーは、ファール狙いでインコースに攻める

特別編

観戦前に知っておきたい2の視点

1 サインの仕組み

CHECKPOINT ❶ バッテリーのサイン交換

球種に数字を振るサインが基本になる。ストレート＝指1本（人差し指）、シュート＝指2本（人差し指・中指）、スライダー＝指3本（人差し指・中指・薬指）、フォーク＝指4本（人差し指・中指・薬指・小指）。ほかに親指1本だけならピッチドアウト（盗塁やスクイズ防止を目的に投球を大きく外す）、小指1本ならけん制と決めておく。

紹介したサインはあくまでも一例であり、ピッチャーの球種の数によっても違う。ストレートが指2本のピッチャーもいる。試合やイニングによって逐一変更することも多い。

そして、カギになるのが何番目に出したサインを有効にするかだ。テレビ中継を見ていれば、ピッチャーが投球モーションに入る前に、キャッチャーの足元で複数のサインを出していることが分かる。このとき、何番目に出したサインの球種を実際に投げるのか、あらかじめ決めているのだ。例えば、初球は1番目の球種、それがストライクであれば次は2番目の球種、ボールだったら3番目……とボールカウントによっても変わっていく。背番号を使うケースもある。打者の背番号が24であれば、一けたの番号が基準となり4番目の次の5番目のサイン。かりに「28番」の場合は、指が5本しかないので8マイナス5で3。3番目の次の4番目がサインとなる。打順の場合は、1番打者であれば2番目のサインが有効になる。このように、いくつものバリエーションが存在する。

前の球を生かす方法もあり、親指を1回出したときは同じ球種・同じコース、親指をピコピコと2~3回出したら、前の球の逆球ということもある。逆球というのは、スライダーであればシュート、ストレートであればカーブやフォークという意味だ。

工藤のミカタ

プロならではの複雑なサイン
サインの種類は幾通りも存在する

CHECKPOINT ❷
三塁コーチからバッターに送られるサイン

攻撃時のサインは、ベンチにいる監督から三塁コーチに経由される。特にランナーがいる際、打席に入る前にバッターが三塁コーチのサインをじっと確認している姿を見たことがあるはずだ。「なぜ直接、監督が選手にサインを送らないのか」と疑問に思うファンもいるだろう。簡単にいえば、監督は複雑なサインを送ることに慣れていないからだ。相手にばれないようなサインを出すのは、三塁コーチの仕事。そのために、三塁コーチはキャンプのときからサインの出し方を練習している。もし、監督が選手に出していたら、すぐにばれてしまう可能性が高い。

それならば、「相手チームが監督のサインを見ればいいのに」と思うかもしれない。だが、実際には監督はベンチの陰に隠れていることが多いため、相手ベンチやキャッチャーからは見えない角度にいるのだ。

そもそも監督がサインを出していないチームもある。隣に座っているヘッドコーチがサインを出す。もし、ベンチの中を見られる角度で観戦できたときは誰がサインを出しているか見てほしい。意外に、監督が出していない場合がある。監督がサインを出しているふりをして、ヘッドコーチが何らかのシグナルを送っているときもあるので要注意だ。

また、対戦相手に自チームから移籍した選手がいる場合は、サインを必ず変える。やはり、ばれる可能性があるからだ。同リーグでの移籍のときは、気を使う。先発・中継ぎ・抑えと役割ごとに、ピッチャーに求められる要素は変わってくる。

工藤のミカタ
複雑なサインに出し慣れていない監督は多い
チームによってはヘッドコーチが出す場合もある

三塁コーチのサインの仕組み

実際に、三塁コーチがどんなサインを出しているかを紹介したい。基本的にはキーと呼ばれるものがあり、キーを触ったあとに何番目にどこを触ったかでサインが実行されることが多い。これをブロックサインと呼ぶ。

オーソドックスなのが、キーの次が有効になるサインだ。例えば、肩がキーで胸がバントだとする。いろいろと体の部位を触る中で、肩→胸と触った場合はバントになる。ただ、これはばれやすいので、「キーの次」や「キーの次の次」というようにバリエーションを増やしていく。また、「もう一度キーを触ったら取り消し」「右手でキーを触ったときだけ有効。左手でキーを触っても何もなし」など、いくらでも複雑にしていくことは可能なのだ。

前半戦と後半戦でキーを変えたりはしていくが、1試合ごとにサインを変えることはない。ただ、エンドランや盗塁を読まれて外された場合は、サインの出し方をすぐに変える。何かしら読まれている可能性が高いからだ。

複雑なサインが分からない選手もいる？

今は交流戦があるために、パ・リーグのピッチャーも打席に立つようになった。だが、僕が西武でやっていた時代は、打席に立つのは日本シリーズのときだけ。ここで攻撃の複雑なサインを出されても、覚えるのが大変だったりするわけだ。

戦略に長けていた伊原春樹氏が三塁コーチをしていた時代には、こんなサインがあった。
どれだけ体をタッチしても、「三塁コーチャーズボックスのラインを踏んでいればバント」というサインだ。実際に出しているサインは関係なく、打席のピッチャーはラインを踏んでいるかどうかを見ておけばよかった。知っていれば簡単だが、相手にばれることは一度もなかった。

工藤のミカタ

ブロックサインが主流
キーを触ったあとに何番目にどこを触ったかでサインが実行されることが多い

2 ピッチャーの調整法

CHECKPOINT ❶ 試合後のブルペンの動き

試合が始まったらすぐに、ブルペンでふたりのピッチャーが練習を始める。これは先発にアクシデントがあったときのための準備である。ピッチャーライナーが当たってケガをしたり、ヒジや肩に違和感を覚えたり、不測の事態が起きる可能性はゼロではない。ここで投げるふたりは、二軍と一軍を行き来するような若手が多い。

このあとは3回ぐらいから、中継ぎピッチャーが始める。右と左でひとりずつ準備するのが理想的だ。基本的にはどんなに先発の調子がよくても、肩はつくっておく。しっかりと肩を温めておかなければ、試合のときにベストの力を発揮できないからだ。

クローザーと呼ばれる抑えのエースは、試合展開を見ながら7回から始めることが多い。

9回にクローザーが投げたとしても、必ずひとりかふたりはブルペンに待機している。同点や逆転された場合には、次のピッチャーが必要になるからだ。

中継ぎ以降のピッチャーは、先発投手によって「今日は出番が早そうだな」と計算している部分もある。もし、ダルビッシュ有投手(現テキサス・レンジャーズ)が先発した場合と、実績の浅い若手が先発した場合では気持ちの準備が違ってくるのだ。

ブルペンの位置は外のほうがいいのか?

ブルペンのつくりには2種類ある。ひとつは東京ドームや横浜スタジアムのように、球場の中にブルペンがある場合と、もうひとつは神宮球場や西武ドームのようにグラウンドレベルにブルペンが設置されているケースだ。

理想をいえば、西武ドームのようにグラウンドレベルにあったほうがいい。なぜなら、試合の状況を見ながら、肩をつくることができるからだ。雰囲気を感じることもできるので、気持ちの準備もしやすい。ただ、屋外の球場の場合は春先や秋口は肌寒く、休んでいると肩が冷えてしまうというデメリットもある。

球場の中にブルペンがある場合は、状況が読みづらい分、ブルペンの中にあるモニターで戦況を見ておかなければいけない。195ページでも紹介したが、こういうときに中継ぎを経験したピッチングコーチがブルペンにいると、「そろそろやっておいたほうがいいぞ」とアドバイスをくれる。若手のピッチャーは、慣れるまでなかなか分からないものだ。

工藤のミカタ

不測の事態に備えるため、初回からスタンバイ
ブルペンの見れる球場でその動きが確認できる

CHECKPOINT ❷

試合中の先発ピッチャーの動き

現役時代、僕は1イニング投げ終わるごとにアンダーシャツを着替えていた。アンダーシャツだけでなく、3イニングに1回は試合用のユニホームも着替える。ズボンはそのままで、上のユニホームだけだ。だから、完投する場合は1試合で3回、ユニホームを着替えることになる。どの球団でも、ユニホームは3~4着は支給されているものだ。

なぜ、頻繁に着替えるのか。夏場、汗をびっしょりかいたときのことを思い出してほしい。べたべたの状態で運動するよりも、着替えてすっきりしたほうが当然動きやすいことが分かるだろう。特に、僕は汗かきだった。

野手もユニホームまで着替えなくても、アンダーシャツを着替える選手はいる。野手もプレーをしていれば、汗をかくからだ。

試合(登板)後は何をするのか

試合後はアイシングをしてから帰る。野手はウエイトトレーニングをしてから帰ることが多い。試合が終わる時間にもよるが、0時を回ることも珍しくはない。

トレーニングをすることを考えると、当然、ホームグラウンドで試合をしたほうがいい。施設が揃っているからだ。プロ野球選手にとっては、「ホームグラウンドは自分たちの庭」というぐらいの感覚を持っている。ビジターでは、相手の施設を借りてウエイトトレーニングをするわけにはいかないので、体を動かす時間が減ってしまう。

工藤のミカタ

試合中も常にベストなコンディショニングを自分たちの庭を有効活用

CHECKPOINT ❸

先発投手の調整法

僕の場合を例にすると、中6日のときは登板の翌日に軽いマッサージとキャッチボール。2日目は完全にオフ。というのも2日目にもっとも疲労が出てくるからだ。この日はキャッチボールもやらない。球場の練習に出てこなくていい。

3日目に長い距離のキャッチボールを入れて、4日目に強めのピッチング。5日目は軽いキャッチボールで、翌日の登板にのぞむ。

このリズムで1年間投げられればいいが、ときに中5日になったり、雨で登板日がスライドすることもある。こうしてリズムが崩れていくと、疲労もたまりやすくなるのだ。雨は1日のスライドなら対応できるが、2日もずれると緊張感がもたない。2日ずれる場合は、先発を一度飛ばしてもらうことが多かった。

今はドーム球場が増えたので、2日も試合が流れるケースはめったにないだろう。ピッチャーにとっては調整しやすくなったが、大変なのが野手だ。雨で中止が少なくなっているので、休みがなかなかない。野手の休みは、月曜日の移動日にあてられることが多い。

工藤のミカタ
先発には1週間のリズムがある

おわりに

今回は29の視点から野球の見方を紹介させていただいた。

まだまだ詳しく、もっと分かりやすく説明したいのだが、みなさんにはぜひ「視点」をほんの少し変えること、工夫することで、野球というスポーツの魅力を別角度から実感していただけたのなら、これ以上うれしいことはない。

まずは、本書で取りあげた視点の中から、ひとつでもいいので球場や、テレビでの野球観戦時に取り入れてもらいたい。それをきっかけに、どんどんオリジナルな野球の見方を追求してほしい。冒頭の「はじめに」でも書いたように、野球の見方に絶対の正解はない。10人が同じ試合を見たところで、10人が一致する意見はせいぜいひとつか、ふたつではないだろうか。

そこが野球の面白いところだ。

一方で、プレーには必ず何かしらの意図が隠されていることも知ってもらいたい。

本書が発売する頃にはＷＢＣが終わり、プロ野球が開幕している。

できる限り、多くの方に野球場に足を運んでもらい、生のプロ野球の雰囲気を味わってもらいたいと思う。球場に入った瞬間、まずグラウンド全体が視界に入る。テレビでは味わえない独特の雰囲気を感じてほしい。

もちろん、さまざまな理由で野球場に行きたくても行けない方もいるだろう。そんなみなさんには、本書でも紹介したテレビ中継だからこそ楽しめる野球の見方を試してもらいたい。

近年、「野球人気の低下」が叫ばれ、プロ野球中継自体が減ってきている。そんな時代だからこそ、野球の奥深さを伝えるのが僕の役目だと思っている。ひとりでも多くの人に、野球の素晴らしさを伝えていきたい。

その奥深さ、素晴らしさを知った方は、周りの方にもどんどん伝えていってほしい。ともに力をあわせて、日本の野球界を盛り上げていきましょう。

最後まで読んでいただき、ありがとうございました。

工藤公康

PROFILE

工藤公康 くどう・きみやす

名古屋電気高校（現愛知工業大学名電高校）を経て、82年に西武ライオンズ（現埼玉西武ライオンズ）へ入団。在籍13年間で8度の日本一に輝き、西武ライオンズのエースとして黄金時代を支えた。その後も福岡ダイエーホークス（現福岡ソフトバンクホークス）、読売ジャイアンツの日本一に貢献。2004年8月17日、対ヤクルト戦で通算200勝を達成した。2011年に現役引退。2012年より日刊スポーツ評論家、テレビ朝日系列『報道ステーション』の野球キャスターをはじめ、野球評論家、野球解説者として活躍。子どもたちへの野球教室も定期的に開催しており、野球の発展と普及活動に力を注いでいる。通算成績224勝142敗3S

テレビ中継・球場で観戦を楽しむ29の視点

野球のプレーに、「偶然」はない

編　集	株式会社レッカ社　滝川 昂
構成・ライティング協力	大利 実
編集協力	根本 康弘
装幀・本文デザイン	山内 宏一郎（SAIWAI design）
イラスト	駒見 龍也、りおた
DTPオペレーション	アワーズ
取材協力	株式会社47コーポレーション

発行日　2013年4月12日　初版
　　　　2013年4月30日　第２刷　発行

著　者　工藤 公康
発行人　坪井 義哉
発行所　株式会社カンゼン
〒101-0021
東京都千代田区外神田2-7-1 開花ビル4F
TEL 03（5295）7723
FAX 03（5295）7725
http://www.kanzen.jp/
郵便振替　00150-7-130339
印刷・製本　株式会社シナノ

ISBN 978-4-86255-177-1
Printed in Japan
定価はカバーに表示してあります。

ご意見、ご感想に関しましては、**kanso@kanzen.jp**まで
Eメールにてお寄せ下さい。お待ちしております。